DÊ UM Start UP NA SUA VIDA

www.editorasaraiva.com.br

Tiago Aguiar

DÊ UM Start UP NA SUA VIDA

RECONHEÇA SUAS MELHORES CHANCES,
SIGA SEUS INSTINTOS E
O CÉU SERÁ O LIMITE

Editora Saraiva
Rua Henrique Schaumann, 270
Pinheiros – São Paulo – SP – CEP: 05413-010
Fone PABX: (11) 3613-3000 • Fax: (11) 3611-3308
Televendas: (11) 3613-3344 • Fax vendas: (11) 3268-3268
Site: http://www.editorasaraiva.com.br

Filiais

AMAZONAS/RONDÔNIA/RORAIMA/ACRE
Rua Costa Azevedo, 56 – Centro
Fone/Fax: (92) 3633-4227 / 3633-4782 – Manaus

BAHIA/SERGIPE
Rua Agripino Dórea, 23 – Brotas
Fone: (71) 3381-5854 / 3381-5895 / 3381-0959 – Salvador

BAURU/SÃO PAULO (sala dos professores)
Rua Monsenhor Claro, 2-55/2-57 – Centro
Fone: (14) 3234-5643 – 3234-7401 – Bauru

CAMPINAS/SÃO PAULO (sala dos professores)
Rua Camargo Pimentel, 660 – Jd. Guanabara
Fone: (19) 3243-8004 / 3243-8259 – Campinas

CEARÁ/PIAUÍ/MARANHÃO
Av. Filomeno Gomes, 670 – Jacarecanga
Fone: (85) 3238-2323 / 3238-1331 – Fortaleza

DISTRITO FEDERAL
SIA/SUL Trecho 2, Lote 850 – Setor de Indústria e Abastecimento
Fone: (61) 3344-2920 / 3344-2951 / 3344-1709 – Brasília

GOIÁS/TOCANTINS
Av. Independência, 5330 – Setor Aeroporto
Fone: (62) 3225-2882 / 3212-2806 / 3224-3016 – Goiânia

MATO GROSSO DO SUL/MATO GROSSO
Rua 14 de Julho, 3148 – Centro
Fone: (67) 3382-3682 / 3382-0112 – Campo Grande

MINAS GERAIS
Rua Além Paraíba, 449 – Lagoinha
Fone: (31) 3429-8300 – Belo Horizonte

PARÁ/AMAPÁ
Travessa Apinagés, 186 – Batista Campos
Fone: (91) 3222-9034 / 3224-9038 / 3241-0499 – Belém

PARANÁ/SANTA CATARINA
Rua Conselheiro Laurindo, 2895 – Prado Velho
Fone: (41) 3332-4894 – Curitiba

PERNAMBUCO/ ALAGOAS/ PARAÍBA/ R. G. DO NORTE
Rua Corredor do Bispo, 185 – Boa Vista
Fone: (81) 3421-4246 / 3421-4510 – Recife

RIBEIRÃO PRETO/SÃO PAULO
Av. Francisco Junqueira, 1255 – Centro
Fone: (16) 3610-5843 / 3610-8284 – Ribeirão Preto

RIO DE JANEIRO/ESPÍRITO SANTO
Rua Visconde de Santa Isabel, 113 a 119 – Vila Isabel
Fone: (21) 2577-9494 / 2577-8867 / 2577-9565 – Rio de Janeiro

RIO GRANDE DO SUL
Av. A. J. Renner, 231 – Farrapos
Fone: (51) 3371- 4001 / 3371-1467 / 3371-1567 – Porto Alegre

SÃO JOSÉ DO RIO PRETO/SÃO PAULO (sala dos professores)
Av. Brig. Faria Lima, 6363 – Rio Preto Shopping Center – V. São José
Fone: (17) 3227-3819 / 3227-0982 / 3227-5249 – São José do Rio Preto

SÃO JOSÉ DOS CAMPOS/SÃO PAULO (sala dos professores)
Rua Santa Luzia, 106 – Jd. Santa Madalena
Fone: (12) 3921-0732 – São José dos Campos

SÃO PAULO
Av. Antártica, 92 – Barra Funda
Fone PABX: (11) 3613-3666 – São Paulo

382.111.001.001

ISBN 978-85-02-21235-0

CIP-BRASIL. CATALOGAÇÃO NA FONTE
SINDICATO NACIONAL DOS EDITORES DE LIVROS, RJ.

A233d

Aguiar, Tiago
Dê um startup na sua vida / Tiago Aguiar. – 1. ed. –
São Paulo : Saraiva, 2013.

ISBN 978-85-02-21235-0

1. Empreendedorismo. 2. Negócios – Administração.
3. Empresas novas – Administrção. 4. Sucesso nos negócios. I. Título.

13-04171   CDD-658.42
                     CDU-658.42

Copyright © Thiago Aguiar
2013 Editora Saraiva
Todos os direitos reservados.

Direção editorial	Flávia Alves Bravin
Coordenação editorial	Rita de Cássia da Silva
Editorial Universitário	Luciana Cruz
	Patricia Quero
Editorial de Negócios	Gisele Folha Mós
Produção editorial	Daniela Nogueira Secondo
	Rosana Peroni Fazolari
Produção digital	Nathalia Setrini Luiz
Suporte editorial	Najla Cruz Silva
Arte e produção	Casa de ideias
Capa	Casa de ideias
Colaboração especial	Solange Monaco
Produção gráfica	Liliane Cristina Gomes
Impressão e acabamento	RR Donnelley

Contato com o editorial
editorialuniversitario@editorasaraiva.com.br

1ª edição

Nenhuma parte desta publicação poderá ser reproduzida por qualquer meio ou forma sem a prévia autorização da Editora Saraiva.
A violação dos direitos autorais é crime estabelecido na lei nº 9.610/98 e punido pelo artigo 184 do Código Penal.

Dedico este livro a todos aqueles que possuem a coragem para transformar sonhos em realidade.

AGRADECIMENTOS

Quero agradecer à minha mãe pelas inúmeras revisões que fez neste texto até que se tornasse um livro, à minha esposa que, com sua iluminação, ajudou no título, e aos colegas desta editora, que trabalharam com muito profissionalismo, carinho e dedicação para tornar este meu sonho realidade.

PREFÁCIO

> *Se você pode sonhar, você pode fazer.*
>
> Walt Disney

Eu adoro Walt Disney, não apenas pela Disney e sua criatividade, mas por ser a representação mais emblemática de que um sonho pode se tornar realidade. Se um homem conseguiu transformar um rato, do qual a maior parte das pessoas tem nojo e medo, no maior personagem infantil do mundo, você deve acreditar em sonhos.

E isso não significa apenas criar uma empresa, mas criar uma vida épica, que traga resultado sem perder o equilíbrio, que proporcione uma constante realização. É por isso que temos de viver nosso tempo com muita sabedoria, pois a vida é feita de sonhos e precisamos de tempo para fazê-los acontecer.

O Tiago é o perfeito exemplo de sonhador. É um cara esforçado, competente, inteligente e que me ensinou muito sobre empreender, networking e negócios. É o tipo de mentor que todo mundo deveria ter.

Para mim é uma honra escrever o prefácio do livro do Tiago Aguiar. Eu o conheci por causa do programa *O Aprendiz*, do Roberto

Justus – raramente falo isso, mas fui selecionado para o mesmo programa, porém, na última hora, fechei um contrato com o primeiro cliente do que ia se tornar a Triad Productivity Solutions, uma empresa focada em produtividade. Eu tinha de fazer uma escolha: entrar no programa ou ganhar um cliente. Preferi o cliente. Provavelmente eu ia perder para o Tiago, mas, mesmo assim, ganhei o amigo!

Algum tempo depois, quando ele saiu do programa, o Roberto Justus tinha a intenção de investir na minha empresa, junto com a empresa do Tiago. Essa parceira acabou não evoluindo; não me tornei sócio do Roberto, mas do Tiago, quando criamos a QI, uma holding de investimento e participação em outros negócios. A gente investiu dinheiro em bons negócios e ideias a que tínhamos acesso. Foi muito saudável sermos sócios, pois o Tiago é um empreendedor nato, um cara que naturalmente consegue avaliar oportunidades, correr riscos, vender ideias e atender clientes.

A QI não deu certo, quebramos e perdemos o investimento. E isso foi excepcional. No fundo não perdemos dinheiro, investimos em nosso aprendizado. Cultivar o erro produzindo aprendizado é uma das coisas mais importantes que o empreendedor pode experimentar. Nos Estados Unidos, a cultura do erro é muito bem-vista; o empreendedor que nunca errou pode também não estar preparado. O cara que quebrou duas, três vezes é tão bem-visto pelo investidor quanto o cara que teve muito sucesso. Tudo é experiência.

Este livro é exatamente do tipo que gosto de ler: um passo a passo para quem quer começar a sair do lugar e fazer os sonhos acontecerem.

O título do livro é incrível. Só o título já dá pinta de best-seller. Porém o conteúdo que o Tiago trouxe realmente pode fazer diferença na sua vida empreendedora – e o melhor: aprendendo com os erros e experiências de um cara que tem muita história para contar.

Acho que o mais fundamental nesta obra é entender que o "fator empreendedor" não é genético, não é herança, não é sorte. É desenvolvimento comportamental e de conhecimento. O empreendedor não nasce pronto, ele aprende a ser empreendedor. Com persistência, visão e paixão, qualquer um pode se tornar o próximo Silvio Santos, Donald Trump ou Walt Disney!

Eu acredito nos meus sonhos. Eu acredito que minhas empresas vão mudar a vida de muitas pessoas. Eu acredito que o Tiago pode ajudar você a ser um empreendedor ou a melhorar a sua empresa. Eu acredito que acreditar é o ingrediente essencial para o resultado que virá.

Vamos usar bem o tempo e começar a ler? Uma excelente leitura!

Christian Barbosa

Nerd, empreendedor, escritor e palestrante especializado no tema da produtividade e gestão do tempo. Autor de seis livros sobre o assunto, com destaque para A tríade do tempo, *da Editora Sextante. Mais informações: www.christianbarbosa.com.br.*

APRESENTAÇÃO

> *Triste de quem vive em casa,*
> *Contente com o seu lar,*
> *Sem que um sonho, no erguer de asa,*
> *Faça até mais rubra a brasa*
> *Da lareira a abandonar!*
>
> Fernando Pessoa

Um dia sonhei em ter um programa de TV. Sonhei em ter um negócio que causasse impacto. Disseram-me que era impossível; não ouvi! Simplesmente fui e realizei meu sonho. Aos 23 anos montei minha primeira empresa e, hoje, em 2013, aos 36 anos, já fui sócio de mais de sete empresas (algumas bem-sucedidas e outras nem tanto) e aconselhei outras centenas de pessoas a montarem seu próprio negócio.

Nos últimos três anos, à frente do programa *Atitude BR – Empreendedorismo PME*, tive a oportunidade de entrevistar mais de 200 empreendedores de sucesso no Brasil. Sem exceção, todos eles disseram que o sucesso está em, primeiro, fazer aquilo que você gosta.

Neste livro, com alguns relatos da minha própria experiência de vencer *O Aprendiz 4 – O Sócio* e de idealizar algumas das minhas empresas, trago o passo a passo para você criar a sua própria startup. Não qualquer uma, mas um negócio que faça a diferença e agregue algo à vida das pessoas.

Dê um startup num negócio que faça bem para os outros e você terá clientes fiéis para sempre. Não à toa, estas são algumas das empresas mais admiradas do mundo: Natura, Facebook, Apple, Google, Amazon, Walt Disney e Nestlé.

Antes de iniciar a leitura, alerto que este livro não é para aqueles que trabalham somente para sobreviver, mas, sim, para aquelas pessoas que acreditam que a dimensão da vida é muito maior do que simplesmente trabalhar, ganhar seu salário e passar os dias.

É um livro para quem tem a sensação de que a vida pode ser muito mais do que dias trabalhados aguardando o final do mês, quando o salário chega e se pode pagar as contas. É para aquelas pessoas que estão ávidas por criar um negócio inovador, inusitado e com potencial de impacto na vida das pessoas e da sociedade, independentemente do resultado financeiro. Sim, a startup deve dar lucro, mas como consequência de um trabalho bem-feito, com paixão e dedicação.

É para aqueles que desejam que o trabalho seja muito mais do que simplesmente um ganha-pão. Para aqueles que creem que há uma missão em tudo isso e querem gozar a vida em sua plenitude. Aqueles que querem desfrutar todos os momentos com algum sentido e objetivo, dando a sua versão para a vida, e não simplesmente seguindo um roteiro preestabelecido.

Uma pesquisa realizada nos Estados Unidos pela The Conference Board apontou que 55% dos norte-americanos não estão satisfeitos com o trabalho. No Brasil, uma pesquisa feita pelo escritório Weigel Coaching demonstrou que somente 15% das pessoas se dizem completamente satisfeitas no trabalho – algo que comprovei pessoalmente por meio das diversas palestras que fiz pelo Brasil sobre o tema "Pessoas de Atitude Fazem o que Gostam". Após as palestras, muitos vinham me dizer que não fazem profissionalmente aquilo que gostam, não se sentem realizados profissional e, por consequência, pessoalmente. Daí, minha vontade de escrever este livro.

Percebi que muitas pessoas convivem diariamente com os seguintes dilemas:

- Sobreviver ou viver plenamente?
- Como ter paixão pelos dias?
- Como alcançar o sonho mais profundo e ainda assim pagar minhas contas?
- Como criar meu próprio caminho em vez de seguir o caminho dos outros?
- Como fazer aquilo que realmente gosto?
- Será que consigo montar meu próprio negócio?
- Como faço para montar um negócio?
- Será que tenho as atitudes necessárias para criar uma startup?

Criar uma startup, fazer aquilo que se gosta e acreditar que seja possível realizar seu sonho exigem uma preparação especial, um enorme cuidado na execução e no discurso e, principalmente, persistência.

Este é um livro que trata com naturalidade da vida real, sem rodeios, sem eufemismos, mas que algumas vezes o incomodará. Se isso acontecer, já terei atingido o meu objetivo.

Escrevo este livro como uma oportunidade de compartilhar algo que é muito mais valioso do que o um milhão de reais que conquistei ao vencer *O Aprendiz 4 – O Sócio*: a chance de dar um startup na vida.

SUMÁRIO

Introdução 21
PRIMEIRO PASSO | DEFINIÇÃO DO SONHO 27
    Identificação do sonho 31
    Os meus sonhos 33
    Em resumo 34
SEGUNDO PASSO | VOCÊ TEM O FATOR E? 35
    O Fator E 38
    As dez competências empreendedoras 39
    Teste seu perfil empreendedor 47
    Descubra o empreendedor 49
    Em resumo 54
TERCEIRO PASSO | TRANSFORMAR-SE EM EMPREENDEDOR 55
    Como nossas experiências podem ser usadas para
    descobrir o comportamento empreendedor 57
    Transformando situações em aprendizados de
    comportamento empreendedor 61
    Aprendendo com os erros 63
    Desafiar-se é essencial 64
    Estar pronto para uma startup 66
    Em resumo 67
QUARTO PASSO | CRIAR UM NEGÓCIO 69
    Como ter uma ideia de startup 72
    Da ideia à oportunidade 74
    Oportunidade a partir de um grande problema 75
    Minha oportunidade de resolver um problema 77
    Em resumo 79
QUINTO PASSO | PENSE GRANDE, COMECE PEQUENO 81
    Quando aprendi a pensar grande 85
    Pensa grande quem pensa fora da caixa 87
    Em resumo 89

SEXTO PASSO | NEGÓCIOS DO SÉCULO 21 91
    Estabelecimento de princípios, missão e visão 97
    Startup sustentável 100
    Em resumo 101

SÉTIMO PASSO | SÓCIOS, TER OU NÃO TER 103
    A escolha de um sócio 106
    Nivelamento de expectativas 109
    Formalização da sociedade 110
    Sociedades empresárias limitadas 111
    Sociedade por Ações (S.A.) 112
    EIRELI: Empresa Individual de Responsabilidade Limitada 112
    Sociedades em Conta de Participação (SCP) 113
    Acordo entre sócios 115
    Eu e meu sócios 118
    Colocando dinheiro na startup 120
    O fim da startup 121
    Em resumo 123

OITAVO PASSO | O CAMINHO A PERCORRER 125
    Planejando o "como" 127
    Exemplos da visão de empresas brasileiras 128
    Qual a visão estabelecida para sua startup? 128
    Seja SMART 129
    Exemplo de metas 131
    Escrevendo o plano de ação 134
    Planejamento se faz a lápis 135
    Em resumo 136

NONO PASSO | COMO SE TORNAR CONHECIDO 137
    Branding (estratégia de marca) 139
    Torne-se conhecido 142
    Fluxo de venda 146
    Em resumo 150

DÉCIMO PASSO | O QUE VOCÊ NÃO PODE NÃO SABER SOBRE FINANÇAS 151
    Lucro 153

Retorno de investimento 155
Nível de lucratividade 157
Ponto de equilíbrio 158
Margem de contribuição 160
Preço de venda 162
Fluxo de caixa 165
Árduo aprendizado dos números 167
Em resumo 169
ÚLTIMO PASSO | NUNCA DESISTA......................................171
Em resumo 177
Conclusão..179

INTRODUÇÃO

Neste livro, vou falar da oportunidade que você tem hoje de fazer a diferença, inventando um negócio de impacto. A oportunidade de empreender, de ter o seu próprio negócio, realizar a sua paixão, criando uma startup do zero.

Mas, antes disso, o que é uma startup? Existem diversas definições de startup, mas a mais aceita é aquela que a define como uma empresa, ou um grupo de pessoas, à procura de um modelo de negócios que possa ser repetido e escalável, e que trabalhe com risco e incertezas. A essa definição, acrescento a minha contribuição: um negócio feito com paixão.

Portanto, para mim, a definição de startup seria:

"Um grupo de pessoas apaixonadas por aquilo que fazem, com um modelo de negócios arriscado, repetível e escalável."

Pela definição de startup, temos três variáveis importantes: risco, escalabilidade e repetível.

O modelo de negócio de uma startup é inovador e, por isso, há riscos envolvidos. É um modelo que não foi testado antes e que inova em algum aspecto algo já existente ou que ainda não existe (por exemplo: um novo serviço, um novo aplicativo, site etc.).

Também, esse negócio possui escalabilidade, ou seja, é um negócio que pode crescer muito rápido em faturamento. Pode até ser um negócio tradicional, como um escritório de advocacia, desde que possua um método novo de trabalho no qual a escalabilidade seja possível.

E esse negócio pode ser repetido várias vezes, independentemente de customização. É um produto ou serviço que pode ser oferecido praticamente de forma igual ao original, sem que acarrete custos adicionais excessivos para o empreendedor.

Gostar do negócio ao qual você está se propondo e ser apaixonado por ele é fundamental para superar seus riscos inerentes, ainda mais numa startup, tendo em vista o seu alicerce no modelo inovador.

Antes de começar a colocar em prática os passos necessários para criar a sua startup, quero perguntar se hoje você faz aquilo que realmente gosta.

Como auxílio, responda honestamente às questões a seguir:

- Você está fazendo aquilo que realmente ama?
- Qual é o seu sonho mais profundo?
- Você está feliz agora?
- Está feliz no seu trabalho?
- Sente-se realizado profissionalmente?
- Como se imagina daqui a 30 anos?

Confúcio dizia: "Arrume um trabalho que lhe dê prazer, e você nunca terá que trabalhar na vida". Vocês não acham que a vida é muito curta para passarmos a maior parte do tempo fazendo uma coisa que não gostamos?

Afinal, fazendo uma conta rápida, notamos que das 24 horas do dia apenas quatro horas nos sobram para os nossos assuntos pessoais e que, praticamente, passamos mais de um terço do dia no trabalho.

Então, pergunto novamente: Por que não fazemos, ao menos profissionalmente, aquilo que gostamos, em vez de simplesmente nos sustentar? Por que não transformar essas quatro horas que sobram no dia todo? Já imaginou você fazer algo que ama, e ainda ganhar dinheiro? Para mim, isso é *dar um startup na vida*.

Porém, para isso, é preciso coragem, muita coragem. Você terá de enfrentar muita pressão: da família, do cônjuge, de amigos, da sociedade, e escutar o que as pessoas pensam sobre você. Quando eu deixei minha carreira de advogado, todos me chamaram de louco. Dessa forma, pergunto: *Você está pronto?*

Para a sua felicidade, nunca antes na História do Brasil estivemos num momento tão propício para empreender e fazer aquilo que realmente gostamos.

Vivemos a era das oportunidades, em que centenas de novas profissões vêm surgindo e outras que nem imaginamos ainda serão criadas.

Gostaria de dividir um poema para inspirá-lo e ajudá-lo a refletir sobre suas opções:

Robert Frost: The Road Not Taken (1915)
Two roads diverged in a yellow wood,
And sorry I could not travel both
And be one traveler, long I stood
And looked down one as far as I could
To where it bent in the undergrowth.

Then took the other, as just as fair,
And having perhaps the better claim,
Because it was grassy and wanted wear;
Though as for that the passing there
Had worn them really about the same.

And both that morning equally lay
In leaves no step had trodden black.
Oh, I kept the first for another day!
Yet knowing how way leads on to way,
I doubted if I should ever come back.

I shall be telling this with a sigh
Somewhere ages and ages hence:
Two roads diverged in a wood, and I —
I took the one less traveled by,
And that has made all the difference.

O Caminho Não Percorrido [em tradução livre]
Dois caminhos se bifurcavam num bosque amarelado,
Eu estava triste por não poder viajar em ambos
E sendo um só viajante, me detive longamente
E olhei profundamente em um deles o mais que pude
Até onde este se curvava na vegetação;

Depois tomei o outro, e da mesma forma o contemplei,
E tendo talvez o melhor atrativo,
Porque era relvado e desejava ser usado;
Embora para os que por ali passavam
Tinham usado ambos mais ou menos o mesmo tanto,

E naquela manhã ambos igualmente se assentavam
De folhas que nenhum passo havia escurecido.
Oh, eu deixei o primeiro para outro dia!
Embora sabendo que caminho leva para caminho,
Duvidava que devesse ali voltar.

Devo dizer isto com um suspiro
Em algum lugar tempos e tempos daí:
Dois caminhos bifurcavam num bosque, e eu —
Eu tomei o menos viajado,
E isso fez toda a diferença.

E você está pronto para seguir um caminho não percorrido antes? Para que escolha algo que realmente gosta, faça a si mesmo as seguintes perguntas:

Você está pronto para sacrificar alguns anos de sua vida para fazer aquilo que realmente gosta?	Sim	Não
Outras pessoas (familiares, esposa, marido, filhos) apoiariam sua decisão de seguir profissionalmente uma carreira mais "arriscada"?	Sim	Não
A opinião dos outros influencia na sua tomada de decisão?	Sim	Não
Você trocaria a compra do carro do ano pela realização profissional?	Sim	Não
Você está pronto para não desistir nos primeiros anos de dificuldades?	Sim	Não
Você já sabe o que faz seus olhos brilharem e seu coração bater mais forte?	Sim	Não
Você está pronto para sair da zona de conforto?	Sim	Não

PRIMEIRO PASSO

DEFINIÇÃO DO SONHO

> *Acreditar na sua startup é viver emocionado e entusiasmado com a perspectiva da sua realização.*

"E, no final, vão lhe perguntar o que você fez da sua vida. E o que você irá responder? Nada?"

Essa frase de Anton Tchekhov desafia a buscar com afinco o sentido por trás da existência, e nada faz tanto sentido para nós mesmos quanto buscar a realização do nosso sonho, algo no qual depositamos todas as nossas esperanças e que, uma vez realizado, completa-nos como ser humano.

Empreender é uma oportunidade única de pilotar o próprio avião e buscar realizar o sonho de ser dono de sua vida. Montar uma startup deve estar intimamente ligado à realização do sonho.

Ao montar um negócio próprio, o medo de não contar com o dinheiro ao final do mês pode tirar a possibilidade de se realizar a verdadeira paixão. Esse medo é fruto do incentivo exacerbado ao consumo imediatista. Fomos levados a raciocinar pelos nossos desejos de consumo. E, para comprar tudo o que queremos, o que é preciso fazer? Qual profissão me dará todas essas coisas?

Com isso em mente, passamos a procurar qual das profissões disponíveis (o que está mais na moda ou em alta) pode trazer os bens tão cobiçados. Passamos a colocar os desejos na frente dos nossos sonhos e a analisar o que é possível fazer profissionalmente para obtê-los. Escolhemos a profissão pelas razões erradas e levamos isso conosco pelo resto da vida.

Criar uma startup e fazer o que gostamos e aquilo pelo qual somos verdadeiramente apaixonados nos realiza e dá sentido aos dias, às semanas, ao ano, às relações e à vida. Ninguém deve viver apenas para cumprir tabela. Em outras palavras, abdicar do seu sonho para viver uma vida previsível, padronizada pelo que determinam as convenções sociais, sobrevivendo à vida em vez de viver a vida.

Percebo que, atualmente, as pessoas não estão correndo atrás do sonho, talvez por ainda não terem refletido o bastante sobre a importância que ele representa para nós do ponto de vista humano, já que não se pode restringir ao campo pessoal, tampouco ao profissional.

Para estabelecer e, sobretudo, identificar o seu sonho, não adianta seguir a opinião alheia ou algo que não se baseie profundamente em seu ser. O sonho não pertence a ninguém além de você mesmo. É muito comum sofrer a influência de terceiros, permitindo que o sonho do pai, da mãe, ou a imposição da sociedade desvie a sua busca e o conduza para o caminho padronizado da vida, infinitamente menos atraente e significativo.

É fundamental decidir se tornar advogado, dentista, médico ou engenheiro pela própria vontade, em vez de tomar essa decisão sob pressão. Quando se opta por um caminho diferente, muitas vezes há crítica, mas o diferente também pode dar muito dinheiro e prazer.

Garanto a você que é muito mais fácil estudar e passar num concurso público do que criar uma startup. De fato, é mais difícil se desviar do caminho comum das coisas, mas será mais gratificante quando, finalmente, lhe fizerem a pergunta de Anton Tchekhov: "O que você fez da vida?". E você puder responder: "Tudo".

Portanto, para criar a sua startup, primeiro é necessário identificar o seu sonho.

IDENTIFICAÇÃO DO SONHO

Para reconhecer o sonho não é necessário grandes elucubrações; basta, antes de dormir à noite, deitar a cabeça no travesseiro e pensar sobre suas aspirações e seus desejos, principalmente aqueles que não estejam ainda impregnados com as incertezas da maturidade.

Baseie-se fortemente em sua vontade para que o seu desejo adquira uma forma nítida e alcançável e, fundamentalmente, permita-se entrar em contato com você mesmo durante o processo. Livre-se dos pensamentos conflitantes, da voz que insiste em mantê-lo aprisionado a uma falsa segurança.

Concentre-se naquilo que lhe trouxer mais prazer, felicidade, leveza, brilho nos olhos, motivação e entusiasmo. É isso o que deve ser buscado. Não importa quão longe você esteja disso no momento.

Reflita sobre aquilo que desejava ser quando criança, ou talvez na adolescência. Sobre qual carreira gostaria de seguir quando a alma ainda falava mais alto do que a mente. Tudo isso deve vir do coração, não deve ser algo apenas racional.

Não cometa o equívoco de pensar que sucesso se resume a ter dinheiro e posses. Para mim, sucesso é acordar todos os dias com a mesma determinação e satisfação em fazer a mesma coisa que fiz no dia anterior.

Veja como se reconhece um sonho:

- Deite-se e feche os olhos.
- Respire fundo por cinco minutos.
- Imagine-se num lugar calmo e tranquilo.
- Qual imagem vem a sua cabeça?
- O que desejava ser quando criança?

- Na adolescência, qual era o seu sonho?
- Que profissionais você admira?
- Quais profissões você imagina que sentiria prazer em exercer?
- Que tipo de negócio deseja ter?

Uma vez respondidas essas perguntas, escreva aqui qual é o seu sonho de negócio:

_____

Toda startup possui uma missão que é muito maior do que ganhar dinheiro, portanto, veja qual é o seu propósito de vida, e você encontrará a missão do seu negócio.

Ache uma causa por trás do sonho e não a faça pelo dinheiro

Existem ainda dois aspectos fundamentais que precisam ser considerados: primeiro, ache um propósito para o que você deseja fazer; segundo, não o faça pelo dinheiro. Encontre uma razão, um significado para aquilo que está sendo construído. Se for só pelo dinheiro não valerá a pena, porque o dinheiro da mesma forma que vem pode ir, mas o sonho e a causa não, eles permanecem inabaláveis.

Portanto, não faça pelo dinheiro, descubra uma razão por trás daquilo que você deseja. Desse modo, encontrará coisas que o estimularão muito mais do que o lucro material.

A chance de ser malsucedido em determinado negócio aumenta consideravelmente quando a prioridade é quanto se pretende ganhar financeiramente, em vez daquilo que proporciona prazer.

Por isso, é muito importante não colocar uma coisa na frente da outra. Procure priorizar sempre a satisfação, o prazer de empreender e trabalhar em algo que causa identificação consigo mesmo.

- Qual é a missão que imagina para sua vida?
- Que marca você quer deixar na história ou na vida das outras pessoas?
- Como você deseja ser lembrado?

OS MEUS SONHOS

Na final de *O Aprendiz 4 – O Sócio*, Roberto Justus me perguntou qual era o meu sonho, e eu respondi: "causar uma mudança". Este livro faz parte desse meu sonho.

Como toda e qualquer criança, eu tinha vários sonhos, alguns contraditórios entre si e outros complementares. Alguns deles eram ter a minha própria empresa, trabalhar na Organização das Nações Unidas (ONU) e ter um programa de televisão. Esses eram sonhos, sem nenhum plano definido. Porém, dos vários sonhos de criança, esses que citei se mantiveram até a adolescência e depois me acompanharam na fase adulta.

Nunca imaginei como e quando iria realizá-los, mas nunca desisti deles, embora a vida e a pressão de ganhar dinheiro para viver tivessem me levado por caminhos muitas vezes tortuosos.

Neste livro vou contar como planejei minha carreira de forma a realizar esses sonhos, quais cursos fiz e as estratégias que implementei para alcançá-los. O mais importante deste capítulo, e o passo inicial para que você comece o seu negócio, é que a sua startup esteja conectada com o seu sonho.

A startup pode ser o seu sonho final ou ser um meio para atingir o objetivo maior. Por exemplo, no meu caso, sinto que minha missão de vida é causar uma mudança, mesmo que seja num universo limitado de pessoas, mas não quero passar por esta vida sem deixar a minha marca.

Assim, o programa de televisão que criei, as palestras que dou, ter trabalhado na ONU, o *mentoring* para empreendedores, o produto de lavar carro sem água e as empresas que montei, todos esses passos estão conectados com o meu objetivo maior.

> **EM RESUMO**

- Para reconhecer o sonho tente, ao deitar-se, refletir sobre os seus desejos mais puros e legítimos.
- Sucesso não se resume a ter dinheiro. Sucesso é você acordar todos os dias com a mesma determinação e satisfação em fazer a mesma coisa que o dia anterior.
- O sonho diz respeito única e exclusivamente a você, e não ao pai, mãe, marido ou esposa. Faça dele o seu projeto.
- O sonho deve ser o fim em si mesmo, e não o meio.
- Sonhar grande e sonhar pequeno dá o mesmo trabalho, mas não a mesma satisfação.
- Não faça nem decida pelo dinheiro. Tenha sempre um sonho e uma causa maior para balizar as suas decisões.
- Priorize sempre a satisfação, o prazer de estar empreendendo em algo com que se identifique.

SEGUNDO PASSO

VOCÊ TEM O FATOR E?

> *Nada consegue impedir o homem que tem a atitude mental correta de atingir as suas metas; nada na Terra consegue ajudar o homem com a atitude mental errada.*
>
> Thomas Jefferson

Você alguma vez sentiu que deveria fazer algo especial, incrível, importante, marcante, que só você poderia fazer, e que foi destinado para a grandeza? Você se lembra de quando acreditava que tudo era possível? E é!

Haverá momentos na vida em que uma oportunidade se apresentará a você a fim de que faça algo brilhante, extraordinário, notável, que se encaixe no seu talento, em suas habilidades e experiências, mudando a sua vida para sempre. Por mais que esse momento seja difícil, frustrante e pavoroso, ele traz mudança. Nós enfrentamos um futuro incerto e inquietante, mas não sem visão, esperança e oportunidade.

Então, o que você vai fazer? O que você vai fazer para aquilo que poderá ser o seu melhor momento de deixar a sua marca, o seu legado e fazer a diferença? Fazer tudo isso por escolha sua e não por acaso. Inovar, criar, construir o seu futuro, ser o seu próprio patrão, ter segurança financeira e confiança, alcançar o topo, olhar para dentro, andar para a frente.

Lembre-se, não há nenhum acaso, destino ou força que dificulte ou controle a resolução firme da alma humana. Por isso, não desperdice um dia sequer, não se contente com menos quando o mundo tornou tudo tão fácil para você ser único e extraordinário e fazer algo que valha a pena e que faça com todo o seu coração, poder, mente e força. Abrace o seu futuro com uma recepção entusiástica.

Construa um negócio, seja um líder. Faça da sua cidade, do seu país, do mundo, um lugar melhor. Você alguma vez sentiu que deveria fazer algo especial? Você é um empreendedor![1]

O FATOR E

Em 1988, a ONU, por meio de um dos órgãos da Assembleia Geral, a Conferência das Nações Unidas sobre Comércio e Desenvolvimento (UNCTAD), lançou um programa denominado Empretec. O nome advém de um acrônimo espanhol que juntou as palavras empreendedorismo e tecnologia.

O objetivo do programa é ajudar empreendedores promissores a construir pequenas e médias empresas (PME) inovadoras e competitivas. E, para isso, realiza um workshop que incentiva as pessoas a se concentrarem em seus papéis como empresários e as desafia a analisar suas forças e fraquezas pessoais.

O programa é uma oportunidade para que os participantes se tornem mais familiarizados com as competências comportamentais de empreendedores de sucesso, e para que, ao conhecer os comportamentos essenciais que levam um empreendedor ao sucesso, o futuro empreendedor possa ser capaz de aplicar os comportamentos em seus próprios negócios.

Para montar um negócio do zero é fundamental que você tenha ou desenvolva essas características comportamentais. Antigamente, acreditava-se que o fator empreendedor era algo nato, ou você nascia com ele ou não havia como aprender. Naturalmente, algumas pessoas já nascem com as competências necessárias para empreender, mas o fato é que, uma vez que essas

---

1 Disponível em: <http://www.mannatecheurope.com/>. Acesso em: 12 jul. 2013.

competências foram descobertas e catalogadas, hoje, ao contrário do que já se acreditou, o fator empreendedor pode ser ensinado a qualquer pessoa. E é disso de que se trata o Empretec.

A metodologia do Empretec foi desenvolvida por David McClelland, da Universidade Harvard, e baseia-se na constatação de que cada um tem uma motivação interior para empreender. Essa motivação é dividida em três categorias motivacionais: realização, afiliação e poder.

Por realização entende-se que o empreendedor possui o desejo de construir algo com seu próprio suor, trabalho, esforço, riscos e, por fim, usufruir todos os méritos. Mais do que qualquer outro estado emocional, ele deseja se sentir realizado.

Já aqueles que se sentem motivados a empreender por afiliação são também chamados missionários, pois desejam construir alguma coisa para a sociedade como um todo. Esses empreendedores entendem que o legado de sua obra é mais importante do que a obra em si. Eu me incluo nesse grupo.

E há quem empreenda para deter poder sobre alguma coisa ou sobre pessoas. Sua motivação difere totalmente das duas anteriores e, embora seja, a meu ver, mais ambiciosa, ela é extremamente forte. No fundo, esse empreendedor quer se sentir poderoso.

AS DEZ COMPETÊNCIAS EMPREENDEDORAS

O estudo realizado por David McClelland, da Universidade Harvard, concluiu que as pessoas que tiveram sucesso nos seus negócios possuem dez competências essenciais.

Para aquele que está pensando em montar uma startup, essas características comportamentais são fundamentais, pois o negócio de uma startup deve ser inovador, crescer rápido, ser rentável e multiplicável. Portanto, sem esses comportamentos, você não irá muito longe.

Assim, é essencial que o empreendedor de startup aprenda e desenvolva todos esses comportamentos passíveis de serem treinados, lapidados e absorvidos até que naturalmente façam parte do seu ser e de suas atitudes.

No Brasil, o programa Empretec é oferecido em todos os estados pelo Serviço Brasileiro de Apoio às Micro e Pequenas Empresas (Sebrae), e por meio dele é possível identificar quais competências você possui e quais ainda precisa treinar ou aprender.

As dez competências são as seguintes:

1. Busca de oportunidade e iniciativa.
2. Persistência.
3. Comprometimento.
4. Exigência de qualidade e eficiência.
5. Riscos calculados.
6. Busca de informações.
7. Definição de metas.
8. Planejamento e monitoramento sistemáticos.
9. Persuasão e rede de contatos (networking).
10. Independência e autoconfiança.

Busca de oportunidade e iniciativa

Empreendedores, principalmente aqueles de startups, buscam oportunidades no mercado para preencher necessidades. Não se trata de realizar qualquer negócio, montando mais um igual a tantos outros.

O empreendedor de startup deseja inovar o segmento em que vai atuar, fazer diferente, melhor ou mais rápido. Ele procura oportunidades únicas e toma a iniciativa para transformá-las em situações de negócio.

Esses empreendedores possuem uma capacidade de se antecipar aos fatos e de criar oportunidades de negócios, desenvolvendo produtos e serviços, e propondo soluções inovadoras.

É essa capacidade de entender o que acontece ao redor que faz que a cabeça do empreendedor crie as oportunidades, em vez de simplesmente esperar por elas.

Na essência, todo empreendedor é um eterno insatisfeito, e é justamente essa sensação de que algo não está certo que faz que ele se mexa e saia do lugar em busca de uma nova oportunidade de negócio.

Sem iniciativa, a oportunidade nunca se torna um produto, e muito menos lucro. Porém, não adianta só ter iniciativa, é necessário finalizar aquilo que se começou: ter "acabativa". Do contrário, corre-se o risco de começar um monte de negócios e não finalizar nenhum.

Persistência

Quando a maioria das pessoas tende a abandonar uma atividade, empreendedores bem-sucedidos ficam com ela, não desistem fácil e vão até o fim para ver seu sonho realizado. Custe o que custar e demore quanto demorar.

Enfrentar os obstáculos decididamente, buscando o sucesso a todo custo, mantendo ou mudando as estratégias de acordo com as situações, isso é ser persistente.

Para montar uma startup, passe a encarar suas dificuldades como desafios. Elas vão ser parte do dia a dia desde o primeiro momento. E, como todo desafio, estão ali para ser vencidas e para ajudá-lo a crescer e aprender durante a trajetória.

Uma caminhada de sucesso terá muitos desafios, e será necessário batalhar para vencer todos eles. Essa é uma característica que todo empreendedor deve ter, não importa o tamanho da empresa: persistência.

Comprometimento

Este é um comportamento fundamental não só para empresários de startups como para a vida: os empreendedores devem manter suas promessas, não importa quão grande seja o sacrifício pessoal.

Devem fazer sacrifício extraordinário para completar uma tarefa, mantendo os compromissos assumidos, sejam aqueles formalizados em contrato, sejam os fechados verbalmente, pois a palavra do empreendedor vale mais do que qualquer contrato escrito.

Para que as tarefas sejam executadas e os compromissos assumidos sejam mantidos, o empreendedor deve colaborar com os subordinados e até mesmo assumir o lugar deles para terminar um trabalho.

O empreendedor deve se esmerar para manter os clientes satisfeitos e colocar a boa vontade a longo prazo acima do lucro a curto prazo. Além disso, deve comprometer-se com a qualidade do serviço prestado, ter honestidade na hora de negociar os preços e as condições e cumprir todos os prazos de entrega acordados.

Numa startup não adianta dar um jeitinho e enrolar o cliente – você deve superar expectativas.

Muitas pessoas, ao empreenderem, acreditam que vão ter mais tempo livre para os assuntos pessoais e que serão donas da própria agenda. Se você pensa assim, é bom rever seus objetivos. Começar uma startup exige muito comprometimento e disciplina. O empreendedor passa a pensar no trabalho 24 horas por dia, não tem hora de almoço, férias ou fim de semana. Está a postos a qualquer hora.

Comprometimento significa envolver-se de corpo e alma com o negócio e não tratá-lo como um emprego.

Exigência de qualidade e eficiência

Esse comportamento é essencial para quem quer abrir uma startup. O futuro empresário deve fazer algo melhor, mais rápido ou mais barato, sempre buscando satisfazer ou superar as expectativas de prazos e padrões de qualidade.

Essa busca pela excelência é essencial para o empresário. Prezar pela qualidade e pela eficiência de sua empresa faz que você mantenha os clientes que já conquistou e se diferencie dos concorrentes.

Exigir a máxima qualidade em seu serviço ou produto garante a fidelidade dos seus consumidores.

Para negócios inovadores e de alta rentabilidade, exigir a qualidade máxima do produto ou serviço é condição *sine qua non* para que seu negócio seja suficientemente ousado e diferente dos demais.

Riscos calculados

Correr riscos calculados é um dos principais conceitos do empreendedorismo. Em outras palavras, é estar disposto a assumir desafios ou riscos moderados e responder pessoalmente por eles.

Para correr riscos é necessário calculá-los. O empreendedor não deve ser aquela pessoa que corre riscos aleatórios, mas sim aquele que usa a cabeça e o lápis para calcular até onde pode ir.

Com base num bom plano de negócios e um afinado planejamento financeiro, você poderá calcular quanto risco está disposto a assumir e, assim, tomar uma decisão racional. Numa startup, você é o empresário, e a responsabilidade maior é sua. Então, é preciso ter em mente que o risco existe, mas, conhecendo seu mercado e seu potencial, você será capaz de avaliar se o passo que está dando é proporcional ao seu tamanho.

Busca de informações

Empreendedores de startup devem reunir informações sobre seus clientes, fornecedores, tecnologia e oportunidades.

Especialmente no Brasil, os empreendedores são mais de ação do que de planejamento, muito porque acham que investigar e buscar informações é perder tempo enquanto deveriam realizar.

Muitos acreditam que enquanto se planeja não se ganha dinheiro. Esse é um dos grandes erros que levam uma empresa a fechar de forma prematura. Na ânsia de começar a faturar, o empreendedor esquece de planejar, e sem planejamento trabalha-se muito mais do que se deveria e o dinheiro demora a vir.

Uma boa investigação prévia sobre clientes, fornecedores ou concorrentes, sobre como fabricar um produto ou prestar um serviço, ou ainda conversar com especialistas para obter assessoria técnica ou comercial, tudo isso faz que a empresa comece de forma sólida e com alto potencial de crescimento.

Algo que pode até parecer inusitado é conversar com seus concorrentes (empresas que já estão no mercado há mais tempo). Leia sobre eles e tente agendar uma reunião com o dono da empresa. É surpreendente como empresários mais experientes gostam de trocar informações com aqueles que estão começando.

Definição de metas

Esta é a competência mais importante, porque nenhuma das outras vai funcionar sem o estabelecimento de metas claras, bem definidas, mensuráveis e com prazo de início e término. Empreendedores de startups definem metas e objetivos que são significativos e desafiadores.

As metas assumidas devem representar desafios, ser ousadas e ter significado pessoal. Procure dividir as metas em longo e curto prazo de forma que sejam mensuráveis.

A definição de metas é tão importante para uma startup que vou dedicar um capítulo inteiro a esse tema a fim de auxiliá-lo a estabelecê-las com precisão.

Planejamento e monitoramento sistemáticos

Comportamento sistemático significa agir de forma lógica. Planejamento é decidir o que fazer. Monitoramento significa verificar.

Planejar é estabelecer um objetivo maior e dividir uma tarefa em subtarefas com prazos definidos a serem cumpridos. Depois, deve-se acompanhar passo a passo como o plano está caminhando. Isso quer dizer que, se algo estiver errado, você terá tempo e oportunidade para corrigir o rumo, mudar de estratégia ou até revisar o plano.

Monitorar é extremamente importante porque, durante a caminhada, surgirão incertezas, instabilidades ou crises econômicas que estarão além do seu alcance. Portanto, será necessário monitorar aquilo que foi planejado para se adaptar a uma nova situação.

O planejamento é ainda importante para que você não desvie de caminho toda vez que surgir uma nova oportunidade de negócio, pois abraçar todas as oportunidades que surgirem é praticamente impossível.

Manter o foco é crucial quando se quer crescer rápido, como é o caso das startups.

Persuasão e rede de contatos

Empreendedores devem influenciar outras pessoas a segui-los ou fazer algo por eles. Manter uma rede de contatos ativa é essencial para obter novas oportunidades.

Para o empreendedor, convencer e manter pessoas-chave ao seu lado é muito importante. De modo geral, quando se inicia uma startup, a ideia e a oportunidade de negócio fazem os olhos brilharem, porém o dinheiro é escasso. Persuadir, portanto, é a grande arma do empreendedor. Seja para atrair talentos para trabalharem com ele, seja para conseguir capital para o seu negócio.

É assim que se consegue um financiamento vantajoso no banco, aquela parceria importante, ou manter um bom funcionário mesmo sem pagar o melhor salário do mercado.

A primeira coisa que você precisa entender é que a sua atitude tem tudo a ver com sua capacidade de convencer as pessoas. Você deve se manter sempre positivo, alto-astral, e irradiar boa energia no ambiente quando chegar. Além disso, deve olhar as pessoas nos olhos e ser sempre sincero.

Se você conseguir se convencer de que sua empresa e seu produto são diferentes e têm qualidade, vai transparecer isso na sua linguagem.

Com energia positiva vai contaminar sua equipe, seus parceiros e fazer que essas pessoas trabalhem a seu favor.

Independência e autoconfiança

Os empreendedores têm uma autoconfiança tranquila em sua capacidade ou potencial para fazer alguma coisa. Eles mantêm seus pontos de vista mesmo diante da oposição ou de resultados desanimadores. É fundamental ao empreendedor expressar confiança em sua capacidade de completar uma tarefa difícil ou de enfrentar desafios.

Autoconfiança é aquela capacidade que você só tem se acreditar em si mesmo e nas suas decisões para o futuro do seu negócio.

É ela que o faz acreditar de fato na qualidade do seu produto ou serviço e não o deixa desistir nem quando as coisas parecem ficar mais difíceis, o que é muito comum no início de qualquer empresa.

TESTE SEU PERFIL EMPREENDEDOR

1. Para você, um empreendedor é alguém que:
   a) Ganha muito dinheiro e trabalha a hora que quer.
   b) Trabalha muito, tem disciplina, corre risco e faz sacrifício.

2. Para você, ser empresário é:
   a) Pagar pouco aos funcionários e ficar rico rapidamente.
   b) Satisfazer clientes e exigir a máxima qualidade do seu produto ou serviço.

3. Diante de uma oportunidade de negócio, você pensa:
   a) Vai ser difícil implementar essa ideia.
   b) O que vou fazer para implementar essa ideia?

4. Quando se lembra das oportunidades que deixou passar, o que vem à sua cabeça?
   a) Eu não entendia do assunto.
   b) Meu planejamento mostrou que não era um bom negócio.

5. Diante de um problema no trabalho, você:
   a) Leva o problema para o chefe e espera a decisão.
   b) Procura soluções e mostra ao chefe as opções.

6. O que você pensa sobre as dificuldades?
   a) São barreiras injustas que estão no meu caminho.
   b) São desafios que irei superar.

7. Você acha que com um negócio próprio terá mais tempo livre?
   a) Sim.
   b) Não.

8. Gosta de assumir responsabilidades?
   a) Sim, desde que dentro das minhas competências.
   b) Sim, mesmo que precise me esforçar para cumpri-las.

9. O que você prefere:
   a) Cargo público, estabilidade e segurança financeira.
   b) Fortes emoções e correr risco.

10. Você acha que o empreendedor precisa gostar de gestão e finanças?
    a) Não.
    b) Sim.

Se você marcou mais alternativas "a":
Pense melhor antes de empreender. Veja se este é o momento certo para iniciar um negócio. Busque aconselhamento com empresários de sucesso e também com aqueles que fracassaram. Faça um mentoring.

Se você marcou mais alternativas "b":
Parabéns, você tem um perfil de empreendedor aliado ao de administrador! Sabe que o sucesso de um negócio depende de trabalho, disciplina, planejamento e excelência na execução de uma ideia.

DESCUBRA O EMPREENDEDOR

Eu fiz Direito na PUC-SP, depois fiz especialização em Direito Empresarial e mestrado em Direito Comercial. Depois de tudo que estudei para ser advogado, deixei o Direito e fui lavar carro sem água. Essa é a história da minha vida e vou contá-la aos poucos durante este livro.

Eu passei por muita coisa para, finalmente, me sentir confiante a empreender e começar meu próprio negócio. Ser independente e ter autoconfiança foi um desafio que coloquei para mim mesmo e fazer o Empretec do Sebrae me ajudou muito para conquistar esse objetivo.

Fiz o curso em 2006, logo que vendi minhas cotas do escritório de advocacia que possuía com dois amigos. No curso, havia uma tarefa na qual era preciso criar um negócio que, em apenas cinco dias, funcionasse de verdade e desse lucro, sendo que o trabalho podia ser feito sozinho ou em dupla. Quem lucrasse mais ganhava um prêmio. Como, então, montar um negócio do zero em apenas cinco dias e ainda faturar com ele?

Quando tive acesso aos pormenores da tarefa, fiquei pensando por um tempo em como executá-la sem a colaboração de ninguém, pois confesso que ainda não tinha sido colocado em um nível de dificuldade tão elevado num espaço tão curto de tempo. Até que um colega de turma me convidou para trabalhar em dupla. Um grande alívio seria dividir um pouco da tamanha carga de responsabilidade envolvida naquela tarefa.

Porém, depois de um tempo pensando, procurei o participante que se ofereceu como sócio na tarefa e desfiz a parceria por enxergar nela uma experiência incompleta. Até então, o único negócio que eu havia montado era o meu escritório de advocacia, e eu o tinha feito com outros dois sócios.

Hoje, vejo que foi a decisão mais sábia. Caso tivesse aceitado realizar a tarefa em dupla, teria conhecido muito pouco sobre mim e não teria trabalhado a minha independência e autoconfiança. Percebi a importância de realizá-la nessas condições para testar minha capacidade.

Foi uma semana extremamente difícil, mas, depois dos primeiros calafrios, eu consegui criar um negócio que era um programa bem simples numa planilha do Excel cujo foco era ajudar as pessoas a criar um plano de vida. Esse programa ajudava as pessoas a fazerem seu próprio projeto de vida, estabelecendo metas pessoais com a ajuda de um cronograma de atividades anual.

O que me ocorreu naquele momento foi me aprofundar em algo ao qual talvez as pessoas não se apliquem tanto, que é traçar metas a serem atingidas na vida. Eu vislumbrei a tarefa como a oportunidade perfeita para trabalhar em cima desse foco, pois a riqueza do programa não residia na tecnologia que ele oferecia, mas na força da ideia. Mobilizei toda a minha rede de contatos e, ao final da tarefa, venci o curso arrecadando R$ 1.200,00.

Caso tivesse aceitado a proposta do outro participante de me unir a ele para realizar em conjunto a tarefa, o resultado poderia até ser o mesmo, mas eu teria desperdiçado o enorme aprendizado que a situação me propiciou na condição em que competi. Por fim, foi um desafio que contribuiu para minha independência e autoconfiança.

Quando decidi me inscrever no programa *O Aprendiz 4 – O Sócio*, tinha total segurança da decisão que tomava, mas foi essencial conhecer previamente os comportamentos empreendedores.

A minha inscrição foi um fato curioso: cheguei em casa às 23 horas, do dia 31 de janeiro, e lembrei que era o último dia para se inscrever n'*O Aprendiz*. Fiz minha inscrição meia hora antes de encerrar o prazo. Enviei uma foto, escrevi o plano de negócio e apertei a tecla "enviar" com total despretensão de que seria chamado ou de que passaria para a fase seguinte.

Para minha surpresa, alguns dias depois, recebi um e-mail dizendo que havia passado para a segunda fase. E assim passei em todas as outras etapas. À medida que era aprovado, percebia com mais clareza a dimensão do programa, e o que parecia uma excelente oportunidade de negócio transformou-se rapidamente em um objetivo a ser alcançado.

Dos aproximadamente 30 mil candidatos do início das inscrições, apenas cerca de 300 chegaram à sexta fase de apresentação de projetos. Essa apresentação poderia ser da maneira que conviesse, mas não poderia ultrapassar três minutos.

Eu preparei toda a apresentação de acordo com o tempo estabelecido, decorei o texto e treinei bastante para que a minha fala seguisse a ordem correta dos slides. Fiz uma apresentação contendo 52 slides com fotos. Cronometrei-os seguindo o limite permitido de tempo.

Na minha vez de apresentar, aconteceu um contratempo, pois o meu computador de uso pessoal é um *Macbook*, e assim elaborei toda a apresentação nesse sistema operacional e depois gravei o trabalho em um pen drive. Por precaução, gravei-o em um CD também.

Antes de começar a minha apresentação passei o CD para a produção, porém, na hora de eu entrar na sala, o rapaz da produção voltou aflito, dizendo-me que a apresentação não estava passando. Então, eu lhe passei o pen drive na expectativa de que fosse rodar, mas o pen drive também não funcionou. Havia um monte de gente na sala, e Roberto Justus começou a fazer pressão e a reclamar que estava demorando demais para começar a apresentação.

Na sala, tinha uma marca onde os candidatos deveriam se posicionar para a apresentação, ao lado de dois telões onde seriam projetadas as imagens. Defronte a essa marca estavam Justus, Walter Longo e mais um conselheiro, que analisariam o projeto.

Quando o produtor voltou dizendo que o **pen drive** também não estava funcionando, fiquei muito nervoso pela mera possibilidade de ter chegado tão longe e fracassar num detalhe tão simples. Então, entrei na sala para ver o que estava acontecendo. Para meu espanto, apenas 2 dos 52 slides apareciam na tela. O fato de ter gravado as imagens em determinado formato não permitia que elas fossem "lidas" pelo outro, e então deparei com uma situação em que dependia daquelas fotos para sensibilizar o júri.

Como uma terceira e última alternativa, peguei o meu laptop e dei a eles para que tentassem rodar a apresentação diretamente dele, conectando-o ao projetor, mas, quando tentaram conectar o cabo do projetor, ele não era compatível com a entrada do meu computador.

Para minha sorte, Walter Longo, vendo toda aquela situação, levantou-se e disse para que eu ficasse tranquilo, pois ele tinha o adaptador necessário para ligar o projetor aos computadores da Apple. Ele me deu o seu adaptador, mas, por mais incrível que possa parecer, também não funcionou, já que o computador dele era de 17 polegadas enquanto o meu tinha apenas 13.

E agora? Roberto Justus estava irritado com a situação que já se estendia por mais de dez minutos. Fora da sala estavam outras dezenas de pessoas esperando para realizar a sua apresentação. Já passava das 21 horas, e Justus estava lá desde de manhã ouvindo todas aquelas explicações e projetos.

Pode-se, então, imaginar a tensão na sala. Humildemente, mas com muito jogo de cintura, levantei-me, fui até ele com o meu computador na mão, coloquei-o na mesa, na frente dele, abri, apertei o *play* e propus a ele, então, que assistisse à apresentação ali, naquela tela de 13 polegadas. Voltei para o lugar demarcado e comecei o discurso que havia decorado.

Foi preciso muito jogo de cintura, equilíbrio emocional e principalmente *autoconfiança* (um dos comportamentos empreendedores) para reverter a situação desfavorável que se configurou no início.

Após a apresentação, Roberto Justus me confessou que não conhecia a lavagem de carro sem água, mas que de qualquer forma havia gostado da *atitude* e do jogo de cintura para resolver aquele problema inicial. Atitude, essa é a palavra.

Hoje, tenho certeza de que esse episódio me ensinou muito. Primeiro, que deveria comprar o conector certo; segundo, que você possui somente uma chance de causar uma boa primeira impressão.

Veja quantas oportunidades podem estar sendo desperdiçadas por falta de autoconfiança!

EM RESUMO

▶ Os dez comportamentos do empreendedor:

1. Busca de oportunidade e iniciativa.
2. Persistência.
3. Comprometimento.
4. Exigência de qualidade e eficiência.
5. Riscos calculados.
6. Definição de metas.
7. Busca de informações.
8. Planejamento e monitoramento sistemáticos.
9. Persuasão e rede de contatos (networking).
10. Independência e autoconfiança.

TERCEIRO PASSO

TRANSFORMAR-SE EM EMPREENDEDOR

> *Outros haverão de ter o que houvermos de perder. Outros poderão achar o que, no nosso encontrar, foi achado, ou não achado, segundo o destino dado.*
>
> Fernando Pessoa

A jornada de equilíbrio e inteligência emocional jamais poderia ser dissociada do processo de autoconhecimento que experimentamos por caminhos igualmente difíceis, passando por frustrações e incertezas que, no meu caso, confundiram o meu propósito por um tempo, mas foram essenciais para descobrir o meu comportamento empreendedor e, principalmente, minhas fraquezas.

Reviver as situações de minha vida que me ajudaram a ser empreendedor e aquelas que apontaram fraquezas em meu comportamento empreendedor foi um longo processo de autoconhecimento, sem o qual seria impossível me tornar um empreendedor.

Tenho certeza de que você também deve ter diversas situações em sua vida que poderão ajudá-lo a verificar quais comportamentos empreendedores já possui e quais ainda precisa aprimorar. Portanto, com esse propósito, compartilho aqui algumas das minhas experiências.

COMO NOSSAS EXPERIÊNCIAS PODEM SER USADAS PARA DESCOBRIR O COMPORTAMENTO EMPREENDEDOR

Pode-se dizer, num nível genérico, que somos moldados de maneira muito agressiva por nossas experiências emocionais. Porém, é por meio delas que aperfeiçoamos nossos valores e adquirimos maturidade. Eu ouso dizer que o equilíbrio veio no momento certo para mim, ainda na infância, e foi testado verdadeiramente durante os tortuosos dias da adolescência, pois é um processo de transição emocional por vezes cruel, por vezes maravilhoso, mas sempre instável.

Ainda na infância, vivenciei uma situação dramática que exigiu de mim e de minha família muita fé e equilíbrio, e que muito cedo me apresentou as questões mais profundas da vida. Eu diria que esse drama familiar acelerou meu processo de equilíbrio interno e atuou de forma decisiva na evolução da minha inteligência emocional e meu equilíbrio.

Um mês após meu nascimento em São Carlos, meus pais se mudaram para Sheffield, na Inglaterra, com o intuito de fazer doutorado. Meu pai, Oswaldo, tinha 30 anos, a mesma idade que eu tinha ao ganhar *O Aprendiz*, e minha mãe, Elisabete, 27.

Somos três filhos, eu sou o caçula, mas a diferença de idade entre mim e minhas irmãs é muito pequena, assim compartilhamos praticamente as mesmas lembranças familiares.

Moramos por três anos na cidade de Sheffield. Durante esse período, minha irmã do meio, Karina, contraiu caxumba e o vírus dessa doença infelizmente acabou se alojando no cérebro, fazendo que ela entrasse em coma por 21 dias. Quando recuperou a consciência, teve como sequela deficiência mental permanente.

O modo como esse incidente se deu e o resultado disso afetaram, e ainda afetam, a nossa vida. Ele teve um papel muito relevante na minha concepção de mundo, visto que, a partir dele, desenvolvi uma veia humanista que tem acompanhado minha conduta profissional e pessoal de forma permanente. Ela (Karina) transmite a todos nós uma forma de amor genuína e pura. É um ser humano adorável que fala somente algumas palavras: "Mamãe", "Papai", "Tiago" e "Bom-dia".

Esse trecho da minha história de vida tem um apelo emocional muito profundo e com certeza contribuiu, sobremaneira, para que eu desenvolvesse um forte equilíbrio emocional e uma vontade extra de realização.

Embora as experiências individuais sejam particulares, assim como o modo como somos afetados por elas, as consequências são as mesmas. Saímos mais maduros dessas situações e com uma visão mais abrangente de mundo.

A maturidade que adquiri nessa experiência pessoal – e ao longo de todos esses anos de cuidado e atenção com minha irmã – me ensinou a lidar com situações adversas, que exigiram de mim muito equilíbrio e inteligência emocional, caso contrário, teria sido presa fácil do desânimo.

Há outra experiência que ocorreu na adolescência, mais precisamente quando eu tinha 16 anos e fui fazer um intercâmbio nos Estados Unidos. Morei um ano numa cidade chamada Weslaco, no estado do Texas, distante apenas dez quilômetros da fronteira com o México. Descobri, mais tarde, que essa é a região mais pobre dos Estados Unidos, com a menor renda *per capita*. Uma cidade formada essencialmente por imigrantes mexicanos e composta por muitas casas sobre rodas (trailers).

Naquela cidade sofri muito preconceito por parte dos americanos e dos mexicanos que lá estavam. Na escola onde estudei, fiquei seis meses sem fazer amigos. Para superar tudo isso, inscrevi-me na equipe de tênis da escola, mas, ao chegar um dia para jogar, encontrei minha raquete completamente destruída.

Depois disso, pensei em jogar futebol americano para fazer amizade, mas ao jogar com eles acabei com a costela fraturada propositadamente por um jogador. E, por fim, onde imaginei que me destacaria, o nosso futebol, tive o pé direito quebrado numa partida por um jogador adversário.

Enfim, há diversas outras experiências marcantes que poderia compartilhar, e imagino que você também tenha em sua vida algo que o tocou profundamente e que, após superado, pôde ser utilizado como guia do aprendizado.

O importante de passar por essas situações é o aprendizado e o que se faz com essa lição. Que isso seja usado para o crescimento pessoal e o amadurecimento emocional. Somente assim você estará preparado para os acontecimentos que virão quando iniciar a sua empreitada de construir do zero uma startup.

Para tanto, busque em suas experiências anteriores a semente dos seus comportamentos empreendedores. Com certeza, há hoje em você diversos comportamentos daqueles mencionados no capítulo anterior.

No caminho que percorri até agora, adversidades surgiram e cada uma delas contribuiu com o mesmo grau de importância para a aquisição dos comportamentos empreendedores.

COMO ANDA O SEU COMPORTAMENTO?

Fico extremamente nervoso quando não obtenho o resultado esperado de uma ação?	Sim	Não
Finalizo meus projetos mesmo com muitos desafios e frustrações no caminho?	Sim	Não
Gosto de correr risco?	Sim	Não
Quando tenho um projeto novo, desisto nas primeiras dificuldades?	Sim	Não

(continua)

(continuação)

Sou capaz de me colocar no lugar de outra pessoa para refletir sobre o que ela pode estar pensando ou sentindo?	Sim	Não
Mantenho a calma em momentos difíceis ou reuniões estressantes?	Sim	Não
Consigo perceber quando minhas emoções estão se alterando e mantenho controle sobre elas?	Sim	Não
Quando algo dá errado, ou quando não tenho sucesso com um projeto, analiso o aprendizado?	Sim	Não
Perco a paciência quando sou contrariado?	Sim	Não
Percebo as mudanças no meu corpo quando enfrento uma situação muito complicada?	Sim	Não
Volto ao meu estado normal, ou de relaxamento, com facilidade após uma situação muito complicada?	Sim	Não

TRANSFORMANDO SITUAÇÕES EM APRENDIZADOS DE COMPORTAMENTO EMPREENDEDOR

Desde a época da faculdade, eu gostava de estar envolvido com decisões que afetassem a vida das pessoas, gostava de estar à frente de projetos estudantis. O que me atraía em tomar a frente em determinadas situações era a oportunidade de poder atuar de maneira mais proativa, colocando minhas ideias, fazendo as coisas acontecerem mais rápido, em vez de ter de esperar para que a situação se formasse.

Nesse sentido, eu sempre fui impaciente e sempre gostei de fazer o momento, e não esperar por ele. De certo modo, essa característica me causou grandes transtornos também, principalmente quando ultrapassei os limites hierárquicos e passei a desconsiderar a opinião dos meus chefes.

Essa postura de não se conformar com a hierarquia e ser proativo em demasia, por muitas vezes atropelando algumas pessoas, no emprego, levou à minha demissão. Na época, trabalhava num escritório de advocacia e pensava, talvez como muitos jovens em início de carreira, que sabia mais que meu chefe e que poderia decidir por mim mesmo qualquer situação que se apresentasse. No início, a proatividade foi bem-vinda, mas depois, quando desmedida, se tornou um problema.

A demissão foi, para mim, uma oportunidade de mudança. Quando demitido, agradeci por ter trabalhado onde estava e me senti livre para alçar outros voos. No fundo, sempre odiei receber ordens.

Dizem que o melhor lugar para recomeçar é o fundo do poço. Essa situação de perda da estabilidade e incertezas quanto ao futuro foi o meu fundo do poço particular. Ficar desempregado me fez refletir sobre minhas competências e defeitos, e isso foi um processo muito doloroso, mas extraí dele grandes lições e me conheci melhor. Como disse no capítulo anterior, passar por uma situação difícil só é válido se dela se extraí lições e aprendizados, caso contrário, há chance de ser só uma experiência dolorosa e de reincidir no erro.

Como não era feliz no emprego, o que meu chefe fez foi antecipar uma decisão que viria mais tarde, mas viria sem dúvida, pois, em vez de procurar uma nova colocação, resolvi empreender. Após a demissão, não demorou muito para que eu tomasse a decisão de que não iria mais trabalhar para ninguém.

Na época, eu tinha somente R$ 10 mil na poupança e investi tudo no meu novo desafio: o meu próprio escritório de advocacia. Faz dez anos que não sou assalariado. Desde então, corro riscos todos os dias. Não sei se terei renda no final do mês. Isso faz parte do jogo do empreendedorismo. Não saber o que vai acontecer, pois, de fato, embora se possa planejar, a única coisa que podemos controlar são as nossas escolhas, e não os resultados delas.

APRENDENDO COM OS ERROS

Muitos erros serão cometidos e, infelizmente, na vida não se aprende de outra forma. Aquele que se intitula imune aos erros é alguém que não aprendeu. Quem quiser crescer como ser humano precisa errar. E, uma vez aprendida a lição, não se deve olhar para trás com ressentimento.

É preciso olhar para dentro de nós mesmos para descobrir o que realmente somos e conhecer nossas perspectivas emocionais. Após minha demissão, vi quanto eu ainda era inseguro e quanto me escondia por trás da ilusão da estabilidade de um escritório.

O sofrimento de ser demitido me ajudou a olhar para dentro, descobrir que mesmo cheio de defeitos eu poderia ser eu mesmo, e isso era bom, e que poderia confiar naquilo que eu era. Aprendi a ter confiança em mim mesmo.

Com certeza, não se acerta todas as vezes, mas o empreendedor de startup deve acertar mais vezes do que errar. Para decidir sobre o futuro do seu negócio, e o que você irá montar, é preciso ter confiança em quem você é, e confiança só se adquire com autoconhecimento.

VOCÊ SE CONHECE?		
Diante de uma grande dificuldade, consigo analisar bem as consequências?	Sim	Não
Interpreto corretamente as situações de vida?	Sim	Não
Estou sempre refletindo sobre minhas metas de vida e sinto que venho crescendo como pessoa e como profissional?	Sim	Não
Tenho segurança de quem sou?	Sim	Não
Tomo as decisões necessárias e assumo suas consequências?	Sim	Não
Consigo expressar minha opinião e me posicionar perante as outras pessoas?	Sim	Não

DESAFIAR-SE É ESSENCIAL

Em 2004 soube de uma oportunidade de trabalho na Organização das Nações Unidas (ONU), num programa chamado Internship Programme. Nessa época, eu já estava com meu próprio escritório de advocacia, mas enxerguei nessa oportunidade uma chance de realizar um dos sonhos que sempre cultivei. Assim, fiz minha inscrição, realizei todas as provas e passei numa concorrência mundial para entrar no Internship Programme da ONU.

Foram seis meses em Nova York, trabalhando na ONU e, à noite, fazendo uma pós-graduação em Negócios Internacionais na Universidade de Nova York. O período que passei lá me ajudou muito a amadurecer a ideia de iniciar um negócio no qual pudesse, ao mesmo tempo, empreender e também ajudar a sociedade, realizando, assim, meu sonho maior de "causar uma mudança".

Após retornar dos Estados Unidos, e depois de muita reflexão, decidi desfazer minha sociedade no escritório de advocacia e empreender num negócio de lavagem de carro sem o uso de água. Um negócio extremamente ousado, inovador e repleto de desafios.

Na época, havia um cliente do meu escritório de advocacia que já possuía esse negócio, mas queria expandi-lo internacionalmente por meio da criação de uma nova empresa e de um novo produto para uso pelo consumidor final: um lenço umedecido para lavagem de carro sem água que os consumidores poderiam comprar no supermercado. Vi a oportunidade e não deixei passar. Larguei tudo e me arrisquei no novo negócio!

Quando anunciei aos amigos e à família que venderia minhas cotas do escritório de advocacia após cinco anos de investimento e dedicação, me chamaram de louco. Mas, para começar uma startup do zero, é preciso um pouco de loucura.

Aquele que monta um negócio do zero, uma startup, tem realmente algo diferente, uma coisa positiva que o diferencia dos demais: o louco desejo de realizar. E coloque loucura nisso, pois a partir daquele momento comecei a lavar carros sem usar água. Um negócio que economiza até 500 litros de água por lavagem, altamente inovador e sustentável. Uma loucura que me levou até o programa *O Aprendiz 4 – O Sócio* e, finalmente, me tornou sócio do publicitário Roberto Justus. Quem poderia prever?

O ser humano precisa se colocar em situações adversas para descobrir quão é capaz. A adversidade faz nascer no ser humano a postura de líder e de protagonista. E, para ser um empreendedor de startup, você precisa ser o protagonista. Deve, antes de tudo, ser o piloto do seu próprio avião.

Vendi minhas cotas do escritório por mais de 20 vezes o valor que havia aplicado. Como investimento, foi um ótimo negócio. Como experiência, diria que não há dinheiro que possa pagar o aprendizado de empreender. Serei eternamente grato aos meus sócios pela troca, paciência e amizade.

ESTAR PRONTO PARA UMA STARTUP

E, para você, quais situações da vida podem ajudá-lo a identificar os comportamentos empreendedores? Faça uma lista breve das várias situações que enfrentou e verifique nelas os comportamentos necessários para ousar a começar a sua startup.

Descreva, a seguir, as situações e o comportamento identificado. Isso o ajudará a verificar quais comportamentos já estão em você e quais necessitam ser trabalhados:

Situação	Comportamento

Como demonstrei, a condição da minha irmã Karina me ensina muito sobre a vida todos os dias; assim como a rejeição que sofri nos Estados Unidos me ensinou e também minha demissão. Tudo que nos cerca nos ensina.

Procure tirar lições de tudo. Olhando para os acontecimentos de sua vida, você também poderá conectar os pontos e enxergar o encadeamento natural de tudo o que aconteceu. Mas, para isso, é necessário analisar com cuidado os acontecimentos de modo a reconhecer os aprendizados.

Está aí a graça da vida: evoluir! Conhecendo-se melhor, você passa de mero espectador a protagonista. Os erros continuam, mas se tornam mais sutis. Infelizmente, sabedoria não vem sem provação, contudo, não a evite por conta disso. Quanto mais longe você for, mais dimensão de si mesmo terá.

▶ **EM RESUMO**

▸ Para empreender nos negócios é necessário muito sangue-frio e um pouco de "loucura".
▸ Conhecer-se é reconhecer também que não sabe tudo e que, a cada curva, tem algo a aprender.
▸ Veja sempre o lado positivo de qualquer situação. Aprender com as situações mais difíceis da vida traz grande conhecimento sobre si mesmo.
▸ Tão importante quanto conhecer as próprias qualidades é conhecer os próprios defeitos e limitações.
▸ Assumir a responsabilidade pelos erros requer coragem e é uma forma de evitá-los no futuro.
▸ Equilíbrio e inteligência emocional são fundamentais para analisar as situações que ocorrem na vida, sem que, para isso, se perca a autoestima.

- Os meios para alcançar o equilíbrio se encontram em você, em suas virtudes.
- As experiências da sua vida são suas maiores oportunidades de crescimento.

QUARTO PASSO

CRIAR UM NEGÓCIO

"Uma pessoa nunca deve trocar sua família pelos negócios."

Walt Disney

As oportunidades para dar mais um passo em busca da realização do sonho de montar a sua startup estão na sua frente. Para isso, você deve ter certeza do que gosta e estar disposto a fazer sacrifícios.

Uma das palavras que mais maltratadas têm sido, no entendimento que há delas, é a palavra "oportunidade". Julgam muito que por "oportunidade" se entende um presente a favor do Destino, análogo a oferecerem-nos o bilhete que há de ter a sorte grande. Algumas vezes assim é. Na realidade quotidiana, porém, "oportunidade" não quer dizer isto, nem o aproveitar-se dela significa o simplesmente aceitá-la.

"Oportunidade", para o homem consciente e prático, é aquele fenômeno exterior que pode ser transformado em consequências vantajosas por meio de um isolamento nele, pela inteligência, de certo elemento ou elementos, e a coordenação, pela vontade, da utilização desse ou desses. Tudo mais é herdar do tio brasileiro ou não estar onde caiu a granada.[1]

Esse texto de Fernando Pessoa nos dá uma dimensão do significado de "oportunidade". Em síntese, ele diz que poucas vezes a oportunidade de um negócio cai no colo como se fosse uma herança de um tio brasileiro; cotidianamente, é preciso criar a oportunidade, trabalhar com disciplina, foco, vontade

---
1 PESSOA, Fernando. *Palavras de Fernando Pessoa*. Lisboa, Portugal: Centro Atlântico Ltda., 2008.

e planejamento para que a oportunidade se transforme em negócio real e lucrativo.

Então, como achar a ideia de um negócio inovador, com alto potencial de crescimento e repetível? Como criar uma startup do zero?

Primeiro, é importante dizer que uma oportunidade é muito diferente de uma ideia. Ideia é algo espontâneo e sem comprometimento de dar certo. Já uma oportunidade é uma ideia com chance de dar lucro.

O ponto fundamental é fazer aquilo que mais gosta, e para isso você deve descobrir o seu sonho – o que já foi feito no primeiro passo deste livro.

Depois, para diminuir as chances de empreender um negócio para o qual não possui aptidão ou prazer em realizá-lo, é necessário analisar a sua vocação e descobrir algo que concilie seus sonhos e sua habilidade.

COMO TER UMA IDEIA DE STARTUP

Toda pessoa que quer abrir uma startup, ter sucesso, realizar o seu sonho, e ainda fazer aquilo que gosta, deve exercer a sua verdadeira paixão e vocação.

O empreendedor que obtém sucesso numa startup realiza um empreendimento que ele tem facilidade em executar, o qual aprende com certa facilidade, e que proporcione prazer ao trabalhar nele.

Para criar uma startup de um negócio que esteja relacionado a sua paixão e sua vocação, você pode utilizar a ferramenta a seguir, que o auxiliará nesse processo de análise interna. Assim, neste momento, reflita sobre quais trabalhos e tarefas você tem

como exemplo em sua vida e que você mesmo faz com facilidade, aprende com facilidade e tem prazer ao realizar:
Vocação. Liste três exemplos de:
1. Algo que você faz com certa facilidade.
2. Algo que você aprende com certa facilidade.
3. Algo que lhe dá prazer quando você o exerce.

Uma vez que listou esses três itens – o que faz com facilidade, aprende com facilidade e tem prazer ao fazer –, veja se há uma intersecção entre eles.

Figura 1 ▶ Intersecção entre áreas de interesse

Por exemplo, você gosta de navegar pela internet e se interessa pelos últimos gadgets lançados, mas não compreende os termos da tecnologia da informação, não possui habilidade alguma com o mundo da programação e tudo isso lhe parece grego. Nesse caso, avalie se deve obter mais conhecimento sobre o assunto antes de empreender um negócio no mundo da tecnologia.

Em contrapartida, vamos imaginar que você gosta de cozinhar, mas não sabe. Porem é algo que lhe dá prazer e, quando tenta cozinhar, algumas receitas ficam boas. Portanto, algum negócio no ramo da gastronomia poderia ser uma boa opção para você.

DA IDEIA À OPORTUNIDADE

Feito esse exercício sobre as habilidades, prazer e aprendizado, você chegará a um denominador comum entre eles e achará algo em que você é realmente bom e que lhe dá prazer. Eis o começo de uma startup com grande potencial de dar certo. Agora, você deve, na sua vocação e naquilo que gosta de fazer, procurar ter ideias de oportunidades de negócio.

Como transformar uma ideia em oportunidade é o grande segredo do sucesso de uma startup. Como disse anteriormente, uma oportunidade é uma ideia com chance de dar lucro, pois ideias são inúteis ao empreendedor a não ser que alguém esteja disposto a pagar por elas.

O ponto-chave para reconhecer uma oportunidade é resolver um problema. Qual é o problema aparente que sua ideia de produto ou serviço vai resolver? Em outras palavras, há uma necessidade para esse produto ou serviço? Existe uma demanda?

Só existirá uma necessidade ou demanda se existir um problema a ser resolvido. Pode ser um problema que já existe ou que você consegue antecipar que surgirá num futuro próximo analisando as tendências de mercado.

Pode ser também que o problema esteja na forma de um produto já existente ou de um serviço ora prestado e que necessite de inovação ou melhoria. Porém, seja o que for, toda oportunidade se resume a resolver um problema ou, em outras palavras, suprir a necessidade do cliente.

Uma vez verificada a intersecção mencionada, enumere todas as oportunidades de negócio que podem ter sinergia com aquela vocação. Assim, no exemplo em que o futuro empreendedor possui uma vocação natural para negócios on-line, há diversas espécies de negócios possíveis. Por exemplo:

NEGÓCIOS POSSÍVEIS NO MUNDO ON-LINE

Corretora de domínios na internet	Consultoria de e-commerce	Loja de barganhas	Pesquisador de árvore genealógica	Consultoria em TI
Personal trainer em internet	Venda de arte pela internet	Dieta e fitness on-line	Venda de cupons de entretenimento	Reciclagem e renovação de produtos
Pesquisador on-line	Webdesign	Consultor de aplicativos	Serviço de pesquisa pública	Assistente virtual
Loja de joias on-line	Coaching on-line	Editor de vídeos web	Escola de idiomas	Conserto de computador on-line
Assistente em redes sociais	Assistente financeiro	Loja de roupas de bebê	Revisor de texto	Guia de viagem

OPORTUNIDADE A PARTIR DE UM GRANDE PROBLEMA

Somente no exemplo anterior temos 25 negócios possíveis que envolvem a vocação on-line. Isso sem contar as subdivisões de tipos de lojas e consultorias que podem ser feitas on-line.

As possibilidades de negócio são inúmeras, e aqui entra o "resolver o problema", ou suprir uma necessidade. Pergunte-se: O que pode ser melhorado ou inovado no ramo escolhido? O que os consumidores estão demandando?

Para ajudar na busca pela oportunidade, vale analisar as tendências de mercado ou viajar para buscar ideias em outros países, observando aquilo que pode ser adaptado à região em que você mora. Por exemplo, em São Paulo, cada vez mais pessoas não têm tempo para os assuntos pessoais, pois trabalham demais e ficam muito tempo no trânsito. Há quem precise de uma assistente para resolver as tarefas do dia a dia, como ligar para marcar uma consulta etc. Pensando nisso, já há negócios que proporcionam uma assistente pessoal virtual. Eis uma ideia de negócio que surgiu da observação do que ocorre no mundo real. Com ela foi resolvido um grande problema das famílias paulistanas: a falta de tempo.

Para resolver um problema, você precisa usar um dos comportamentos essenciais do empreendedor: buscar informações.

Caso já tenha definido seu ramo de atuação e sua oportunidade de negócio, o próximo passo é conversar com empreendedores que atuam no ramo, concorrentes, fornecedores e possíveis clientes. Vá às associações de classe, associações empresariais do ramo, sindicatos etc. Invista seu tempo na coleta de informações, porque isso aumentará sobremaneira a sua chance de êxito no negócio.

A vida nos dará muitas chances de batalhar por aquilo que acreditamos, mas temos de tomar cuidado para não subestimarmos nossa capacidade de realização e declinarmos de uma grande oportunidade que surge. A oportunidade perdida não volta.

Algumas oportunidades passam por nossa vida, situações que nos tiram da zona de conforto, e nem ao menos as reconhecemos como grandes chances de mudança. Com coragem e atenção é possível transformar aparentes fracassos no início de um grande sucesso; para isso, basta reconhecer a oportunidade.

Todos os dias somos colocados em situações que nos surpreendem. Ter calma, tranquilidade e presença de espírito é fundamental para superar esses desafios e seguir em frente.

MINHA OPORTUNIDADE DE RESOLVER UM PROBLEMA

O problema a ser resolvido quando deixei meu escritório de advocacia e fui lavar carro sem água era, de fato, dois: a falta de água em diversos países do mundo e a falta de espaço para se lavar um carro nos prédios e condomínios.

Dois terços do nosso planeta são cobertos por água, sendo que 97% da água são salgada e apenas 3% são doce. Somente 0,007% encontram-se em rios e lagos de fácil acesso. O ser humano pode passar até 28 dias sem comer, mas apenas três dias sem beber água.

Há dois mil anos, a população mundial correspondia a 3% da população atual. A partir de 1950, o consumo de água em todo o mundo mais do que triplicou, sendo que sua oferta não sofreu alteração.

Segundo o painel intergovernamental de mudança climática da ONU, até o final deste século a temperatura da Terra deve aumentar de 2 a 4,5 graus centígrados, causando um aquecimento global que poderá derreter as calotas polares e aumentar a ocorrência de desastres naturais, como furacões, ciclones e tornados.

Hoje, um quarto do planeta é deserto, sendo que todo ano dois mil quilômetros quadrados da Terra são transformados em deserto por conta da falta de chuva.

No ano 2000, de acordo com a ONU, cerca de 30% da população do planeta já não tinham acesso a água potável, o que comprovadamente causa a morte de mais de seis mil pessoas ao dia, principalmente crianças.

Onze países do Continente Africano e nove do Oriente Médio já não possuem água hoje e dependem de outros países para seu abastecimento. China, Austrália e Estados Unidos têm forte restrição ao consumo de água. Principalmente a Austrália, onde a restrição chegou ao nível 3 de 5, e é proibido lavar carros com água sem que haja tratamento para sua reutilização.

Nos Estados Unidos, estados como Califórnia, Texas e Flórida já contam com restrições ao uso da água similares às da Austrália, assim como outros países do Oriente Médio.

Para lavar um carro com água, gasta-se em média 500 litros. Essa mesma quantidade é suficiente para abastecer uma família com quatro pessoas durante um dia inteiro.

A solução para todo esse problema: um lenço umedecido para lavar carros sem água.

- E você? Já sabe que oportunidades estão ao seu alcance?
- Já deixou passar alguma oportunidade de fazer aquilo que gosta?
- Em caso positivo, qual foi a razão que o levou a deixá-la passar?
- Você está considerando alguma oportunidade no momento?
- Em que você se destaca?
- Que problemas você é bom em resolver?

- Há alguma necessidade no mercado que você se considera apto a suprir?

EM RESUMO

- Verifique sua vocação, o que você faz bem e o que lhe dá prazer.
- Esteja pronto para agarrar a oportunidade quando ela passar à sua frente.
- Em momentos difíceis, precisamos buscar alternativas que nos tirem dessa situação. Enxergar além do óbvio. Enxergar fora da caixa.
- Na vida e nos negócios, é importante estar sempre pronto para improvisar, sem perder o controle da situação. Estar pronto é tudo.
- A vida é feita da coleção de pequenas atitudes, não só das grandes.
- Tente colocar-se sempre numa situação desafiadora em que, normalmente, não se colocaria. Aí estará uma oportunidade de crescimento. Arrisque-se!

QUINTO PASSO

PENSE GRANDE, COMECE PEQUENO

> *Para ser grande, sê inteiro: nada*
> *Teu exagera ou exclui.*
> *Sê todo em cada coisa. Põe quanto és*
> *no mínimo que fazes.*
> *Assim em cada lago a lua toda*
> *Brilha, porque alta vive.*[1]

---

1 Ricardo Reis, em "Odes", heterônimo de Fernando Pessoa.

O idealizador de uma startup deve pensar grande, mas começar pequeno.

Eu venci o programa de TV *O Aprendiz 4 – O Sócio* por ter aprendido a pensar grande. Foi algo que ganhou outra dimensão durante o programa e me marcou a ponto de jamais abandonar essa conduta.

Pensar grande ou pensar pequeno dá o mesmo trabalho. Então, por que não pensar grande? Essa característica é fundamental para uma startup ter sucesso, crescer e se tornar muito rentável. Pensar grande é se desafiar a todo momento a quebrar todos os limites aos quais se é submetido ao longo da vida, não acreditando neles. Independentemente do negócio a ser empreendido em sua startup – de um restaurante a uma empresa de software –, pense grande! Mas comece pequeno.

Pense que o negócio poderá crescer, tornar-se uma franquia, uma rede ou uma grande empresa. Você verá que preparará a sua empresa muito melhor para isso, fará tudo com mais qualidade, planejamento, mais vontade, entusiasmo e com um propósito maior, porém com um passo após o outro e nunca maior que a perna.

Quando as coisas são colocadas nesse patamar, busca-se realizar aquilo a que se propõe da melhor forma possível. Quando se pensa grande, os detalhes e as dificuldades do dia a dia não o impedem de empreender, pois você sabe exatamente aonde quer chegar.

Imaginando aonde se quer chegar, os percalços do cotidiano não vão desmotivá-lo. Sabe-se que esses desafios são pequenos diante da grandeza da missão da sua empresa, eles são apenas detalhes de uma jornada. Você irá buscar a excelência para atingir a satisfação dos seus clientes, e assim construirá uma boa reputação, e a tendência natural é de que o negócio se expanda e cresça naturalmente.

A nossa atitude respeita aquilo que pensamos e o que imaginamos para nós mesmos e para o negócio. O pensar pequeno transforma todas as situações difíceis pelas quais a startup passará em tempestades, pois o limite (a linha de chegada) é muito menor, então cada parte do todo toma uma dimensão gigantesca e acabamos, como empreendedores, sofrendo muito mais quando algo não dá certo.

Ao contrário, quando você pensa grande, os desafios e contratempos do dia a dia passam a não influenciar tanto no planejamento do negócio, o que lhe permite traçar novos planos e rumos quando depara com adversidades.

Reflita sobre sua ideia de negócio:

- Em que patamar sua startup se encontra hoje?
- Pensando grande, qual o lugar mais longe ao qual sua empresa poderá chegar?
- Pensando grande, onde você gostaria de estar com sua startup daqui a cinco anos?
- Pensando grande, onde você gostaria de estar com sua empresa daqui a 15 anos?
- Há alguma coisa que realmente o impessa de atingir esse objetivo?
- O que você pode colocar no seu planejamento para atingir esse objetivo?

QUANDO APRENDI A PENSAR GRANDE

Como disse no início do capítulo, venci *O Aprendiz* por causa dessa forma de pensar. Logo na primeira tarefa do programa, me propus a ser o líder da equipe, e nós perdemos. Na sala de reunião, Roberto Justus me disse que havíamos perdido por não termos ido além do que fora pedido e por termos feito uma prova em que cumprimos tabela.

A tarefa consistia em realizar uma feira livre, que poderia ser uma feira de artesanato, bijouteria, hortifrúti ou qualquer outra, numa rua de São Paulo. Em termos de vendas e faturamento nós ganhamos a prova, mas nossa vantagem financeira se deu muito mais por conta da rigidez no controle de gastos do que por outro motivo.

Roberto Justus foi categórico em dizer que preferia quem corria mais riscos e pensava grande a aqueles que se limitavam a "cumprir tabela", a fazer o mínimo necessário. Aquilo me marcou. E eu levei esse aprendizado para o resto do programa, e venci.

Na 11ª tarefa de *O Aprendiz*, foi estabelecido que criássemos um plano estratégico de comunicação (anúncios, ações promocionais etc.) para uma das maiores montadoras de veículos do mundo, a fim de dar publicidade a um programa voltado para portadores de necessidades especiais.

A tarefa deveria ser realizada em apenas dois dias, sendo que o último dia seria o da apresentação para a diretoria da montadora. Passado um dia de trabalho, eu e meu parceiro de equipe não tínhamos a menor ideia do que fazer.

Como ideia não é igual a cachorro, que vem quando a gente chama, e sim como o gato, que vem quando ele quer, aquela noite passei em claro pensando no que fazer. Parti de um pressuposto: deveria ser algo grande, algo do tamanho da montadora, algo que atingisse o maior número de pessoas e que fosse pensado fora da caixa. Todas as nossas ideias, até então, resumiam-se a alguma ação numa concessionária local.

Porém, lembrei-me de que naquele ano teríamos, no Rio de Janeiro, os Jogos Pan-Americanos e que na sequência, como é de praxe, ocorreriam os jogos para portadores de necessidades especiais: os Jogos Parapan-Americanos. Eureca! Era isso que faríamos: patrocinaríamos os Jogos Parapan-Americanos Rio 2007.

Mal consegui dormir. Acordei no dia seguinte agitado com a ideia e contei para o meu dupla, que fez cara de dúvida e questionou como conseguiríamos isso. Como falaríamos com as pessoas certas para uma ação dessa magnitude? E como faríamos isso num único dia?

Passei a mão no telefone e me pus a ligar. Comecei por Brasília. Falei com todos os departamentos possíveis no Ministério do Esporte e cheguei ao Comitê Olímpico Brasileiro (COB). Do COB, fui para o Comitê Paraolímpico das Américas. Em menos de quatro horas telefonei e negociei, com exclusividade para a montadora, o patrocínio dos Jogos Parapan-Americanos. Sairíamos em todas as mídias como o veículo oficial daqueles jogos. No dia seguinte, apresentamos todo o nosso plano para a diretoria da montadora e a decisão foi unânime. Vencemos aquela tarefa por nocaute.

- E você, já pensou grande?
- Em sua vida, já realizou alguma coisa que lhe pareceu impossível num primeiro momento?
- Você já testou os seus limites?

- Já dividiu esse grande sonho com alguém?
- Onde estará quando se imagina realizado?

PENSA GRANDE QUEM PENSA FORA DA CAIXA

Construímos nossa vida tijolo a tijolo, porém devemos ficar atentos para ver se não estamos construindo um muro em torno de nós mesmos, não permitindo que novas ideias e soluções surjam. Pensar fora da caixa é exatamente isso: sair detrás do muro, ou de cima dele, enxergar novas oportunidades e, principalmente, estar aberto a elas.

Pensar fora da caixa, ou pensar além dela, é pensar de maneira não convencional, a partir de novas perspectivas, resolvendo o problema a seguir, dos nove pontos, a partir de um pensamento lateral.

Figura 2 ▶ Conecte todos os pontos usando somente quatro traços, sem tirar o lápis do papel. Você pode cruzar um traço, mas sem voltar por cima de um mesmo traço

Pensar fora da caixa requer um olhar distante do problema, visualizando soluções fora do comum e do óbvio. Para tanto, eis aqui um passo a passo que o ajudará a encontrar soluções fora

do comum para qualquer problema que venha a enfrentar em sua startup:

1. Identifique o cerne do problema.
2. Determine se uma solução comum ou óbvia existe para solucionar o problema.
3. Caso não haja solução óbvia, anote tudo que foi usado para criar o problema. Seja abrangente e anote tudo o que for possível.
4. Quando começar a mapear o problema de forma mais abrangente, procure caminhos para dirimir a situação por maneiras que não foram consideradas anteriormente, no item 2, para resolver o problema.
5. Nunca descarte uma possível solução na base do "é impossível fazer". Considere todas as possibilidades e passe por todas elas até se certificar, realmente, de que pode ou não ser feita.

Figura 3 ▶ Exemplo de solução

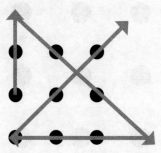

Eu morava em Campinas e vim para São Paulo fazer faculdade em 1995. Não conhecia nada, ninguém e tampouco o mundo jurídico em que eu começava a caminhar. Comecei a trabalhar com 18 anos num escritório de médio porte que ficava no centro de São Paulo. No período em que trabalhei nesse escritório, comecei a conhecer um pouco do mundo jurídico, quais eram os escritórios e o que eles faziam.

Um dia, conversando com um advogado mais velho do escritório, perguntei a ele sobre o mercado de trabalho na cidade e quais eram os escritórios conhecidos por ter uma área internacional forte, tendo em vista meu sonho de trabalhar na ONU. Ele mencionou dois escritórios enormes e renomados.

Lembro-me exatamente daquele momento, do terno marrom-esverdeado que eu vestia enquanto conversava com o advogado do escritório. Lembro-me perfeitamente de onde estávamos na avenida Ipiranga, da hora exata do dia e da temperatura. Naquele momento, eu disse a mim mesmo: vou trabalhar nesses dois escritórios e depois vou trabalhar na ONU. Dito e feito! Foi exatamente como um filme em que se conhece a sinopse, porém não se tem o roteiro definido. A ideia geral estava pronta, era necessário ainda preencher as lacunas para chegar lá.

Se eu tivesse sido mais modesto e pensado pequeno, provavelmente teria me satisfeito com qualquer coisa que aparecesse no meu caminho.

EM RESUMO

- ▶ Pensar grande é fazer as coisas fora da caixa. É exigir a máxima qualidade de você mesmo e em tudo o que você faz. É não se contentar com pouco. É, enfim, viver o sonho.
- ▶ Pensar grande ou pensar pequeno dá o mesmo trabalho.
- ▶ Nossa energia interna é capaz de moldar o mundo à nossa volta. Todos somos capazes de transformar o que está dentro de nós em realidade.

- O pensar e o desejo de realizar algo naturalmente transformam-se em ação, mas é necessário perseverança, pois nada cai do céu simplesmente porque se quer.
- Pensar pequeno é se satisfazer com qualquer coisa que colocam à sua frente. Ao pensar grande, qualquer problema se torna mera trivialidade.
- Nada acontece por acaso, os acontecimentos são frutos do pensamento e do desejo. As "coincidências" acontecem porque as bases para que acontecessem foram criadas ao longo da vida.
- Nunca descarte uma possível solução na base do "é impossível fazer".

SEXTO PASSO

NEGÓCIOS DO SÉCULO 21

> *Acima de tudo mantenha os princípios da ética e da moral sob qualquer hipótese.*

Cada vez mais os habitantes deste planeta exigirão das empresas um comportamento sustentável e ético. Os consumidores não irão mais admitir empresas que não incorporem, em seus valores e missão, práticas sustentáveis.

Para isso, os novos negócios devem ser criados respeitando essa demanda social e alinhando os objetivos de negócios que possam contribuir para a evolução e bem-estar das pessoas e do planeta.

Startups que estiverem nesse alinhamento, com certeza, terão mais chances de sucesso, e seu valor será muito maior do que o de seus concorrentes, chamando a atenção de fundos de investimentos, *private equity*, investidores etc.

Para ajudá-los a pensar em negócios que tenham essa perspectiva, a ONU, em 2000, lançou a iniciativa do Global Compact (Pacto Mundial),[1] chamando as empresas privadas e líderes empresariais a participar. Essa é uma iniciativa para aproximar as empresas internacionais da ONU e que busca apoiar a adoção de princípios sociais e ambientais no ambiente empresarial.

Os princípios estabelecidos pelo Pacto Mundial são:

1º Os negócios devem apoiar e respeitar a proteção dos direitos humanos internacionais.
2º Garantia de que as empresas (*businesses*) não são cúmplices de abusos dos direitos humanos.

---

[1] Disponível em: <http://www.unglobalcompact.org>. Acesso em: 12 jul. 2013.

3º Os negócios (*businesses*) devem fortalecer a liberdade de associação e de negociação por meio das atividades empresariais.
4º Eliminação de todas as formas de trabalho forçado ou compulsório.
5º Abolição efetiva do trabalho infantil.
6º Eliminação da discriminação em relação ao emprego e à ocupação.
7º Apoio, por meio das atividades empresariais, a uma aproximação com os desafios ambientais.
8º Assumir compromissos para promover maior responsabilidade ambiental.
9º Encorajar o desenvolvimento e a difusão de tecnologias ecologicamente corretas.
10º Os negócios (*businesses*) devem trabalhar contra todas as formas de corrupção, incluindo extorsão e corrupção ativa.

Nesse sentido, de acordo com o secretário-geral da ONU à época, Kofi Annan, esses objetivos somente serão atingidos com ações globais sustentáveis e com a participação de todos os atores internacionais:

> Nós teremos tempo para atingir os Objetivos de Desenvolvimento do Milênio – mundialmente e, sobretudo, no âmbito dos países – somente se <u>quebrarmos a forma como conduzimos os negócios atualmente</u>. Nós não poderemos vencer do dia para a noite. Sucesso requererá ação sustentável por toda a década, entre agora e o prazo final. Toma tempo

para treinar nossos professores, enfermeiros e engenheiros; para construir estradas, escolas e hospitais; para crescer os pequenos e grandes negócios capazes de criar empregos e recursos necessários. Então nós precisamos começar agora. E nós precisamos mais do que dobrar a assistência para o desenvolvimento global nós próximos anos. Nada mais irá ajudar a atingir os objetivos.[2]

Confirmando a tendência de que as empresas começam a repensar sua missão na sociedade, seguem depoimentos dos maiores empresários do mundo.

Jack Welch, CEO da General Electric:

> Eu sempre acreditei que a maior contribuição que uma empresa pudesse fazer para a sociedade era o seu próprio sucesso, o que se baseia em empregos, impostos e gastos com a comunidade. Eu ainda acredito nisso – mas eu não acho mais que isso seja suficiente. E eu também não acredito mais que filantropia generosa em cima dessa prosperidade seja suficiente. Estes tempos não mais permitem que as companhias permaneçam longe e prósperas, enquanto as comunidades vizinhas decaem e degradam-se.[3]

---

2 ANNAN, Kofi A. *Secretário-geral das Nações Unidas à época*. Discurso realizado em 2000, quando da adoção da Resolução 55/2 (grifo e tradução do autor).
3 WELCH, Jack. CEO da General Electric Company. In: AVERY, Christopher L. *Business and Human Rights in a Time of Change*. Amnesty International. UK Section. Fev. 2000 (grifo e tradução do autor).

J. R. D. Tata, presidente da Tata Sons:

> Nós na Tata, *há* muito tempo, reconhecemos que as responsabilidades e obrigações de nosso empreendimento industrial transcendem aquelas responsabilidades e obrigações normais dos proprietários, funcionários e consumidores dos seus produtos e serviços, e que elas deveriam incluir o bem-estar da, e o serviço à, comunidade local e sociedade como um todo.[4]

Gerald Levin, presidente da Time Warner Inc:

> Nossa posição como uma companhia líder mundial de mídia e entretenimento não poderia ter sido alcançada – e não poderia ser sustentada – somente por meio do sucesso empresarial. Ela recai igualmente em nossa tradição de responsabilidade social e envolvimento comunitário. No âmago dessa corporação está a determinação de fazer a diferença ao mesmo tempo que lucros.[5]

Antônio Ermírio de Moraes, Presidente do Grupo Votorantim: "De que adianta a empresa estar milionária enquanto o seu vizinho (a comunidade) está na miséria?".[6]

---

4 TATA, J. R. D. Presidente da Tata Sons. In: AVERY, Christopher L. *Business and Human Rights in a Time of Change*. Amnesty International. UK Section. Fev. 2000 (grifo e tradução do autor).
5 LEVIN, Gerald M. Presidente da Time Warner Inc. In: AVERY, Christopher L. *Business and Human Rights in a Time of Change*. Amnesty International. UK Section. Fev. 2000 (tradução do autor).
6 Antônio Ermírio de Moraes em entrevista para o programa *Show Business*, na RedeTV!, em 27 de set. 2005.

Assim, mais e mais empresários passam a repensar os negócios do século 21. Pense também nisso na hora de começar a sua startup!

ESTABELECIMENTO DE PRINCÍPIOS, MISSÃO E VISÃO

Uma vez que já tenha definido que negócio sua startup irá realizar, você deve estabelecer os princípios, a missão e a visão por meio dos quais o conduzirá.

Pode parecer algo fora do contexto, afinal, o que princípios e valores têm a ver com negócios? Tudo. Eles darão o norte da sua empresa e a forma de agir que você e seus colaboradores utilizarão na condução da empresa.

É extremamente importante que os princípios, a missão e a visão sejam claros, bem definidos e, principalmente, disponíveis a todos que irão trabalhar na empresa, a fim de que possam operar da mesma forma.

A *missão*

A missão deve expressar de maneira transparente os elementos fundamentais da organização, como os valores, princípios, prioridades que norteiam as relações da empresa com seus *stakeholders* (os grupos de interesse), sejam eles clientes, sejam fornecedores, funcionários, a sociedade etc.

Ela indica o que é importante para os membros da empresa e deve funcionar como uma bússola para as decisões empresariais. A missão seria o equivalente ao caráter de uma pessoa.

A missão (ou valores) de uma empresa não se modifica, devendo ser algo sólido, como um pilar em que a empresa é construída.

A *visão*

Já a visão é o alvo e delineia aonde a empresa quer chegar. Deve contemplar uma descrição do futuro da empresa e será utilizada como foco para onde a empresa irá caminhar.

É a visão que ajuda a orientar as ações empresariais e quais oportunidades a empresa vai empreender ou deixar passar.

Dependendo do crescimento da empresa, das oportunidades, dos novos cenários econômicos, a visão poderá ser revista e modificada.

Ética nos negócios

O termo ética deriva do grego *ethos*: caráter, ou aquilo que pertence ao caráter. A ética não se resume à moral (isto é, costume, hábitos, normas ou mandamento cultural); busca encontrar o melhor modo de viver e conviver, ou seja, qual o melhor estilo de vida, seja no âmbito privado, seja no público.

A ética deve ser entendida como um conjunto de valores morais e princípios que norteia a conduta humana na sociedade. Deve ser a base para o equilíbrio social e a boa convivência.

Ao longo dos séculos, o padrão ético vem sendo construído pela sociedade com base nos seus valores, na sua história e na cultura da sociedade e do grupo social.

A corrupção no Brasil tem se tornado algo endêmico e não está restrita somente à política. Uma prática que tem ficado recorrente no meio empresarial é a pessoa responsável por um departamento de compras da empresa solicitar dinheiro a um fornecedor para fechar um contrato ou colocar um pedido de produtos para essa organização.

Eu mesmo já passei por isso. Em determinado negócio que fiz, após passar por todas as dificuldades usuais de conseguir montar uma empresa no Brasil, deparei, no momento de vender para um grande varejista, com um pedido de uma quantia equivalente a 10% do valor total do negócio – caso contrário, o funcionário que me atendia dificultaria as coisas. Respirei fundo. Demorei exatos dois segundos para responder a ele: então, nada feito! Perdi uma grande conta, um grande cliente, mas dormi com a consciência tranquila.

Imagino que há aqueles que me chamarão de inocente ao ler este relato, que dirão que o mundo dos negócios funciona assim. Pois bem, se quisermos melhorar o mundo e a nossa qualidade de vida, não participe desse jogo.

Cada vez mais, ouço relatos de empresários informando situações semelhantes, e, infelizmente, esses relatos vêm com um certo pessimismo, dada a naturalidade com que esses empresários discorrem sobre o pagamento desses pedágios.

A corrupção é uma doença degenerativa do tecido social. Macula todos os princípios morais e éticos que aprendemos com a nossa evolução. Empurra o limite da honestidade para o seu mais profundo patamar, fazendo que práticas ilegais e desonestas sejam aceitas como naturais.

Ao pagar um funcionário público ou privado para fazer aquilo que ele já é pago para fazer, institucionaliza-se a corrupção, prejudicando todos, inclusive o corruptor, de forma incurável.

Acredito firmemente que com coragem e honestidade novos negócios podem ser criados tendo como grande pilar a ética, realizando negócios de forma legítima e sustentável, pagando todos os impostos (embora no Brasil sejam excessivamente altos e confusos) e conquistando mercado pela excelência e pela qualidade, e não com dinheiro.

STARTUP SUSTENTÁVEL

Com base no que foi escrito neste capítulo, proponho um novo tipo de startup: a startup sustentável! Não estou falando de meio ambiente, embora sua startup possa ter negócios nesse ramo.

É uma empresa que estabelece seus negócios e sua vida em cima de três pilares, ou 3 P's: *People, Planet* e *Profit* (Pessoas, Planeta e Lucro).

O primeiro pilar de sustentação é *Pessoas*. Esse tipo de startup possui a exata noção de que negócios são feitos por pessoas. Por trás de cada software ou carro vendido existe uma centena de pessoas que o programou, fabricou, e outras milhares que o comprarão. O profissional desse tipo de startup toma decisões pensando nessas pessoas.

Seu outro pilar é o *Planeta*. Os negócios não devem ser mais criados pensando somente em quanto a empresa irá lucrar, mas também em qual impacto social e ambiental esse produto ou serviço causará; quais os insumos necessários para sua fabricação e qual será sua destinação após o uso.

E, é claro, a startup deve buscar *Profit,* ou seja, gerar lucro, mas não a qualquer custo. Um lucro que tenha por base a ética. Negócios feitos de forma transparente e honesta, de modo que fornecedores e concorrentes não saiam prejudicados por transações feitas de modo ilegal e por meios escusos. Lucro esse que também deverá ser distribuído entre acionistas, governo, colaboradores, sociedade e meio ambiente.

Por fim, a startup sustentável é aquela que tem consciência de que suas atitudes têm reflexos muito maiores do que só para ela mesmo. E que, quando toma uma decisão, reflete sobre os impactos possíveis que essa ação trará para todos os envolvidos.

> **EM RESUMO**

- Estabeleça a visão e a missão da sua empresa.
- A corrupção está se tornando endêmica no Brasil; para combatê-la é necessário que cada um encampe essa luta no seu dia a dia.
- Estabeleça o seu negócio em 3 P's: *People, Planet e Profit*.
- O mundo vai continuar sendo uma selva desde que nós o mantenhamos dessa forma.
- E o que é ético? Ser ético é agir de acordo com o conjunto de valores morais e princípios de determinada sociedade em determinado período. É agir de acordo com o que se entende por correto para aquela sociedade.
- A missão deve expressar de maneira transparente os elementos fundamentais da organização, como os valores e os princípios.
- Já a visão é o alvo e delineia aonde a empresa quer chegar. Deve contemplar uma descrição do futuro da empresa.
- A missão de uma empresa não se modifica, já a visão pode ser revista de tempos em tempos.
- Se quisermos mudar o mundo, basta começar pela própria atitude.
- Seja uma startup sustentável.

SÉTIMO PASSO

SÓCIOS, TER OU NÃO TER

"*Sócios: ter ou não ter, eis a questão.*"

Qual é o segredo de um casamento feliz? E qual seria o segredo de uma sociedade de sucesso?

Neste capítulo, vou abordar as diferentes formas de se associar a outra pessoa, seja como sócio, seja numa parceria, pois não necessariamente você precisa se tornar sócio formal de uma pessoa para empreender. Há diversas formas de ser "sócio" de alguém ou de um projeto sem que seja necessário constituir uma sociedade limitada, anônima etc.

Porém, antes disso, será que você realmente precisa de sócio na sua startup?

A comparação entre um casamento e uma sociedade pode ser um tanto óbvia, mas realmente é muito precisa. Afinal, quantas horas os empreendedores passam no trabalho e em casa? Principalmente numa startup, onde se trabalha de 12 a 16 horas por dia. Há quem trabalhe até mais, por exemplo, em empresas ligadas a tecnologia ou internet, os empreendedores chegam a dormir no próprio trabalho para não perder tempo.

Quantos sócios começam fazendo juras de amor e depois a sociedade termina na justiça? Muitos empreendedores, inclusive, evitam se associar a outras pessoas por temerem problemas futuros com os sócios, que, na maioria das vezes, são amigos ou colegas de faculdade.

A formação de uma sociedade evidentemente deve ser feita com certos cuidados. O primeiro deles é a escolha, ou não, de um sócio. Será que um amigo de muitos anos, ou mesmo alguém da própria família, pessoas em quem se confia plenamente, garante o sucesso da parceria? Ou seria melhor procurar por um sócio como se faz para achar um investidor, identificando uma complementaridade de competências?

As vantagens de ter um sócio podem ser, entre outras, um aporte de capital, uma fonte de conhecimento, mais força de trabalho ou uma habilidade complementar. O dia a dia de uma sociedade pode levar a muitas discordâncias, o que é natural e até mesmo importante para o crescimento da empresa. Afinal, é com a soma das diferenças que se terá uma sociedade mais rica de conhecimento.

A questão é saber como administrar positivamente essas diferenças, sem prejudicar os relacionamentos pessoais. Para isso, é fundamental escolher bem o seu sócio e deixar claro quais são os papéis de cada um na sociedade.

A ESCOLHA DE UM SÓCIO

A primeira coisa que você deve fazer é refletir se realmente precisa de um sócio ou se pode dar conta da ideia sozinho. Muitas pessoas formam sociedades por medo de empreender sozinhas, por se sentir inseguras e por achar que mais uma pessoa pode ser uma boa opção para dividir decisões, angústias etc.

Mas para ter um sócio é necessário que haja *conhecimentos complementares*. Por exemplo, se você é bom em finanças, arrume um sócio que seja bom em vendas. Se você não conhece muita gente, arranje alguém que tenha uma grande rede de contatos.

Fundamental também é que os sócios compartilhem os mesmos valores, princípios e preceitos éticos, pois, se você é uma pessoa honesta, provavelmente não vai conseguir trabalhar com alguém que tem como princípio o "jeitinho".

Outra coisa a avaliar na hora de estabelecer uma sociedade é se os futuros sócios comungam dos mesmos planos e objetivos de vida. O que eu quero dizer aqui é que ambos devem partilhar do mesmo futuro, pois, se você deseja ter uma empresa de R$ 500 milhões de faturamento por ano e seu sócio uma de R$ 5 milhões, com certeza, terão problemas. É extremamente importante que ambos remem para o mesmo lado.

Em muitos casos, o critério para o estabelecimento de sociedade é o afetivo, do mesmo modo com amigos e familiares. Não há nada de errado nisso, desde que estejam presentes os requisitos aqui colocados. Seja frio e objetivo no momento de estabelecer a sociedade, definindo o papel de cada um, as áreas de atuação, responsabilidades, e estabeleça metas a serem atingidas.

Caso não conheça o sócio com quem está começando a formar uma parceria comercial, não se apresse. Pesquise sobre ele. Ninguém casa com alguém sem primeiro flertar, namorar, noivar e depois pedir em casamento. Nada melhor que o tempo e a convivência para conhecer uma pessoa.

Assim como em todo casamento – "na alegria e na tristeza, na riqueza e na pobreza" –, os sócios numa sociedade também devem partilhar tanto do bônus como do ônus.

É importante que cada um aporte ao negócio recursos ou bens proporcionais a sua participação, que os vinculem à empresa, caso contrário, ao sinal da primeira dificuldade, o sócio não comprometido pode pular do barco e deixar o outro com todas as responsabilidades e dívidas.

Diz o ditado que "contratos são feitos para não serem usados", caso contrário, se tiver que tirar o contrato da gaveta para ler suas cláusulas, é sinal de que divergências surgiram. A despeito do ditado, todos os acordos e combinações feitos entre os sócios devem ser resumidos no papel.

É primordial que se tenha a assessoria de um advogado para resumir os acordos, as metas, os objetivos e as negociações num contrato, seja ele o próprio contrato social da empresa, seja um acordo de sócio em apartado. E mais, é fundamental que isso seja feito antes do início da startup, pois é o momento que antecede qualquer divergência ou ruído.

Para facilitar, quando for montar a sua startup, caso seja necessário ter um sócio, reflita sobre estes itens:

a) Preciso de um sócio?
b) Há complementariedade de conhecimentos?
c) Há aporte de recursos extras?
d) Compartilhamos dos mesmos princípios e valores?
e) Partilhamos da mesma visão e projetos de vida futuros?
f) Negócio é negócio: seja frio e objetivo, estabelecendo o que cada um traz para a sociedade.
g) Metas e responsabilidades: estabeleça metas a serem alcançadas por cada sócio e a respectiva área de atuação.
h) Dê tempo para conhecer o futuro sócio e pesquise sobre ele.
i) Aporte de recursos proporcionais à participação societária.
j) Escreva tudo no papel: contratos e acordos de sócios.
k) Defina os papéis antes de iniciar a sociedade de fato; é preciso que o papel de cada um esteja estabelecido.

NIVELAMENTO DE EXPECTATIVAS

Muitas sociedades e parcerias acabam por uma simples razão: expectativas incompatíveis. Uma pessoa faz sociedade com outra achando que ela será a campeã de vendas, irá trazer os negócios, fazer relacionamento, e a outra pensa que aquela será o administrador e financeiro que faltava para sua empresa, e por aí vai. No final, descobrem que compraram gato por lebre e que ambas não passam de seres humanos comuns.

O que faltou nessa sociedade foi conversar sobre as expectativas, colocando em pratos limpos o que cada um espera do outro sócio, o que cada um pretende fazer para o negócio dar certo e o que ambos esperam da parceria e do futuro da empresa.

Este é um exercício simples, que aprendi com um grande amigo e empresário, Pedro Melo, o qual possui diversas empresas e muitos sócios. Esse quadro simples, feito e refeito todo ano, ajuda a nivelar a expectativa que cada um tem em relação ao outro sócio, o que cada sócio se compromete a empenhar para o negócio e qual a expectativa dos sócios para o negócio naquele ano.

Cada sócio deve fazer esse trabalho sozinho e depois dividir com os demais sócios, chegando a um documento único no que diz respeito ao alinhamento das expectativas sobre a startup para aquele ano e também a respeito da expectativa que cada um tem do outro sócio.

Se a expectativa que um sócio tem do outro é diferente do que aquele sócio escreveu sobre sua contribuição para a sociedade, é importante revisar, conversar e alinhar. Por exemplo: se você espera que o seu sócio traga muitos clientes e ele escreveu que pretende trabalhar mais na gestão e na organização da startup, vale conversar e chegar a um entendimento comum.

Utilize o quadro a seguir para criar um documento de Alinhamento de Expectativas.

ALINHAMENTO DE EXPECTATIVAS – MINHA STARTUP

O que eu espero da empresa?	-
Com que eu vou contribuir para a empresa?	-
O que eu espero do meu sócio?	-

FORMALIZAÇÃO DA SOCIEDADE

Há diversas maneiras de estabelecer uma parceria, seja por meio da constituição formal de uma empresa, dentre os tipos societários previstos na lei (Ltda., S.A., Sociedade Simples etc.) e passíveis de registro nas Juntas Comerciais de cada estado brasileiro, seja por contrato que prescinde de registro e publicidade (exemplo: joint ventures e sociedades em conta de participação), mas o importante é que essa formalização, e a previsão de algumas cláusulas que vou falar neste capítulo, seja feita antes de os negócios começarem.

Há diversos tipos societários que podem ser utilizados para uma startup iniciar suas atividades formalmente; a mais comum é a Limitada ou, caso a startup já comece suas atividades com um investidor anjo, semente ou fundo de investimento, é bem provável que ele queira que a empresa seja constituída sob a forma de Sociedade Anônima.

Neste livro, de forma sucinta, vou falar sobre os tipos societários mais utilizados, como a Ltda. e a S.A. Também, para aqueles que não terão sócios em sua startup, vou discorrer sobre a nova Empresa Individual de Responsabilidade Ltda. e, por fim, a Sociedade em Conta de Participação, que seria a joint venture brasileira, uma modalidade de sociedade, prevista em lei, que prescinde de registro nas Juntas Comerciais.

SOCIEDADES EMPRESÁRIAS LIMITADAS

Esta é a forma societária mais adotada no Brasil. As Ltda. têm seu capital social dividido em cotas representativas da participação de cada sócio. Nelas, os sócios são responsáveis pela totalidade do capital subscrito (ou seja, escrito no contrato social) e não integralizado.

As Ltda. têm um procedimento de constituição mais simples e econômico que as S.A., visto que, por ora, estão dispensadas da publicação de assembleias, de demonstrações financeiras, atas de reuniões e outros documentos societários. Também possuem como vantagem, em relação às S.A., um processo de tomada de decisões mais simples, que não exige, por exemplo, a reunião de todos os sócios, exceto se assim previsto no contrato social.

Embora as Ltda. tenham as vantagens descritas, apresentam também restrições quando comparadas às sociedades anônimas, já que não têm acesso ao mercado de capitais e, tampouco, podem realizar emissões públicas ou privadas de debêntures, o que dificulta o seu acesso a financiamentos em condições mais favoráveis que aquelas oferecidas por bancos, por exemplo.

A administração da Ltda. pode ser realizada por uma única pessoa, sócia ou não, que não será responsabilizada pelas obrigações contraídas em nome da sociedade, a menos que as obrigações tenham sido contraídas mediante abuso de poder ou contrariamente ao disposto no contrato social ou em lei.

SOCIEDADE POR AÇÕES (S.A.)

A Sociedade Anônima tem seu capital social dividido em ações, que podem ser negociadas em bolsa ou não. A responsabilidade dos acionistas é limitada ao valor pago pelas ações adquiridas.

Para constituir uma sociedade anônima, de maneira resumida, a lei exige no mínimo dois acionistas que subscrevam a totalidade das ações do capital social da companhia, e que se realize um depósito compulsório de pelo menos 10% do capital social subscrito em dinheiro no Banco do Brasil. Além disso, os documentos relativos à constituição devem ser publicados no Diário Oficial e em outro jornal de grande circulação na área em que se localizar a sede da companhia.

A administração da S.A. deve ser exercida por ao menos dois diretores, obrigatoriamente pessoas físicas residentes no Brasil. O processo decisório em uma S.A. é mais complexo do que nas Ltda., pois a tomada de decisões sobre matérias do dia a dia fica a cargo da diretoria, e demais decisões importantes cabem à Assembleia Geral de Acionistas.

Sociedades Anônimas complexas podem ainda possuir dois outros órgãos: o Conselho de Administração, que tem matérias de sua competência previstas na Lei das S.A., e o Conselho Fiscal, cuja principal atribuição é fiscalizar as atividades da companhia.

EIRELI: EMPRESA INDIVIDUAL DE RESPONSABILIDADE LIMITADA

Até cerca de um ano atrás, no Brasil, para ter um negócio, impreterivelmente você deveria ter um sócio, pois acreditava-se que uma "sociedade" só poderia ser formada por, no mínimo, duas pessoas.

O que acontecia muito era que o empreendedor, geralmente, colocava um amigo, esposa, marido, pai ou mãe para serem sócios com apenas uma cota. De fato, esse segundo sócio pouco sabia do que se passava na empresa; somente tomava conhecimento quando, por exemplo, por conta de uma reclamação trabalhista, de repente, ele tinha seus bens e sua conta bancária bloqueados devido a dívidas ou pendências das quais ele nunca soube.

Essas situações são extremamente comuns no Brasil – provavelmente você conhece algum amigo ou parente que esteja, neste momento, passando por um problema envolvendo uma empresa para a qual ele simplesmente emprestou o nome para compor a obrigação legal do segundo sócio numa empresa.

Hoje, 2013, já não é mais assim. Há agora um novo tipo societário no ordenamento jurídico nacional, qual seja, a Empresa Individual de Responsabilidade Limitada.

Essa empresa basicamente seguirá todos os preceitos legais de uma Sociedade Empresária Ltda., com a diferença de que pode ser constituída por uma única pessoa física (é vedada a constituição por pessoa jurídica), e também com a ressalva de que o capital social mínimo seja equivalente a cem salários mínimos e que cada pessoa tenha somente uma única empresa individual de responsabilidade limitada.

SOCIEDADES EM CONTA DE PARTICIPAÇÃO (SCP)

Essa sociedade tem previsão legal no Código Civil Brasileiro e também no Código Tributário Nacional, porém, seja por desconhecimento, seja por despreparo de quem assessora o empreendedor na abertura de seu negócio, ela é pouco utilizada.

Na sociedade em conta de participação, a atividade constitutiva do objeto social é exercida unicamente pelo sócio ostensivo, em seu nome individual e sob sua própria e exclusiva responsabilidade, participando os demais dos resultados correspondentes.

A SCP é perfeita para a associação entre uma pessoa física e outra jurídica sem que um precise se tornar sócio do outro formalmente. Imagine o exemplo de um jovem empreendedor que acaba de criar um novo aplicativo, software ou uma nova tecnologia, porém ainda não abriu uma empresa. Nesse caso, ele pode se associar a uma grande empresa que passará a distribuir o seu aplicativo ou software em nome próprio, mas terá o desenvolvedor-empreendedor como parceiro.

Pode também ser o caso de um inventor que tem um novo produto, mas não possui capital para colocá-lo no mercado. Ou uma pessoa que pretende explorar um segmento, uma região, ou um setor econômico ainda não explorado por uma empresa que já esteja no mercado, e essa pessoa deseja se associar à empresa envidando seus esforços para abrir esse novo mercado.

Nesses casos, a empresa parceira não precisa mudar seu contrato ou estatuto social para admitir um novo sócio que não faz parte do negócio original. Basta fazer um contrato de sociedade em conta de participação, dessa forma, o futuro sócio pessoa física somente participará dos lucros daquele negócio que ele irá empreender.

A SCP também é muito usada em empreendimentos imobiliários, pois une o sócio ostensivo – responsável pela gestão da sociedade e pela construção – ao sócio participante – aquele que normalmente entra com o terreno, mas não tem poder de gerência na sociedade nem responde perante terceiros.

Pode ainda ser utilizada para juntar um sócio que quer investir numa empresa sem se tornar sócio dela e concorrer com as obrigações anteriores da empresa. Também pode unir um sócio que venha com a força de trabalho para determinado empreendimento e uma pessoa jurídica já constituída que não deseja admitir um novo sócio.

A SCP tem sido cada vez mais utilizada como forma de unir diferentes sócios para viabilizar determinado negócio ou projeto. Ela é menos burocrática, porque a constituição de uma SCP é simples, não precisa de registro na Junta Comercial, tampouco na Receita Federal, embora seja válida para fins tributários.

A vantagem dessa sociedade é que o sócio ostensivo pode tornar o negócio viável com menos burocracia, unindo dinheiro ou força de trabalho sem precisar admitir um sócio formal em sua empresa.

Esse tipo societário é de peculiar curiosidade, pois, além de não possuir razão social, não possui personalidade jurídica, não se revela publicamente e não possui patrimônio, sendo que os fundos do sócio participante são entregues, fiduciariamente, ao sócio ostensivo, que os usa como se seus fossem.

Na prática, essa sociedade se estabelece por contrato, escrito ou verbal, entre as partes, que pode ser ou não arquivado em registro público.

ACORDO ENTRE SÓCIOS

Seja qual for o tipo societário ou a forma de união entre os sócios, numa empresa ou por contrato, é essencial que os sócios estabeleçam por escrito quais os direitos e obrigações de cada um.

Os acordos devem ser feitos enquanto os sócios estão de bem e o negócio ainda não começou. É nesse momento que se deve acordar sobre questões delicadas como:

1. O que acontece se um dos sócios quiser sair?
2. Quem compra a parte de quem?
3. Por qual preço?
4. Como será a regra de pró-labore?
5. Todos os sócios ganham igual?
6. Como será a distribuição de lucros?
7. Lucros serão distribuídos de forma anual, semestral ou trimestral?
8. Contratação de parentes.
9. Em caso de falecimento dos sócios as cotas serão vendidas ou os herdeiros poderão entrar na sociedade?
10. Sócios poderão ser excluídos caso ponham a empresa em risco?
11. Caso queiram dissolver a sociedade, como será feita a partilha dos bens? Quem fica com a marca?

São inúmeros casos que podem ser previstos e conversados antes de se assinar um contrato de sociedade, e isso é essencial para que a startup fique protegida de eventuais desentendimentos.

Esses acordos podem ser feitos num contrato em separado chamado Acordo de Sócios, ou no caso de uma S.A., Acordo de Acionista. A seguir, alguns pontos que podem ser previstos e negociados num acordo entre sócios:

- direito de indicação de conselheiros (só na S.A.);

- direito de indicação de diretores;
- direito de veto nas deliberações do conselho de administração sobre matérias específicas (só na S.A.);
- direito de veto sobre investimentos da empresa em valor superior a certa quantia;
- direito de veto na aquisição, venda ou oneração de ativos da empresa;
- direito de veto na aprovação dos orçamentos;
- participação em operação que resulte em endividamento para a empresa em determinado valor;
- direito de veto nas deliberações da assembleia geral (S.A.);
- direito de veto nas alterações do estatuto social ou contrato social;
- direito de veto em caso de fusão, cisão, incorporação, transformação, liquidação ou dissolução;
- direito de veto na emissão de novas ações da companhia;
- aprovação das demonstrações financeiras e balanços;
- aprovação da remuneração do conselho de administração e da diretoria (S.A.);
- aumentos de capital;
- redução do capital;
- abertura de capital (S.A.);
- pedido de concordata ou autofalência;
- direito de preferência na alienação de ações ou cotas;
- direito de venda em conjunto de ações ou cotas (*tag-along rights*);
- venda compulsória das ações do controlador (*drag-along rights*);
- opção de venda de ações ao controlador (*put*);

- *shot gun* (mecanismo de solução de impasses contemplando compra ou venda compulsória);
- *piggyback registration rights* (direito de vender bloco de ações em bolsa junto com o controlador, representando a totalidade das ações ou não – S.A.);
- obrigação de não concorrer mediante titularidade de participação societária ou cargos de administração em empresas com atividades iguais ou similares às da companhia.

Esses são alguns pontos que podem ser negociados numa sociedade. Algumas específicas para as S.A., como aquelas que dizem respeito a ações em bolsa, conselho de administração etc., e outras que também podem ser negociadas numa Ltda., como alterações do contrato social ou cláusulas de não competição.

De toda forma, para negociar e redigir um bom acordo, vale investir na contratação de um bom advogado ou consultor para o auxiliar nesse momento.

EU E MEU SÓCIOS

Já tive mais de dez sócios, muitos bons, principalmente amigos de longa data, e alguns que me decepcionaram, traíram e me deixaram sozinho e com dívidas. Estes eu não conhecia muito bem e não eram amigos de longa data.

Eu já fui passado para trás por dois sócios, em dois negócios diferentes. Depois disso, aprendi que um sócio deve ter os mesmos valores que você e, na medida do possível, ser do mesmo nível socioeconômico. Sócios que possuem um desequilíbrio econômico muito grande entre eles, seja para mais, seja para menos, podem não remar para o mesmo lado. A preocupação de um não é a mesma que a do outro.

Certa vez, constituí uma startup com um detentor de uma tecnologia fantástica, de modo que ele seria o responsável pela área técnica e eu pelo investimento necessário, pelo marketing e comercial.

Montei a empresa do zero. Contratei programadores, assistentes, gerentes, montei escritório, investi nas pessoas, paguei os salários, inclusive do meu sócio (grande erro), e iniciei a prospecção dos clientes.

Apesar de todo o esforço, contato com as pessoas certas, planejamento, mudança de rumo, alterações na forma de abordagem, depois de um ano o negócio não decolava. Simplesmente os clientes não queriam comprar o produto que vendíamos e, pelo que pude perceber, não confiavam no que prometíamos.

Mesmo assim, continuei insistindo, investindo, apesar de todas as negativas e de todos os sinais de que o negócio não iria para a frente.

Depois de vários meses de investimento, certa tarde, durante um café, sem que eu esperasse, meu sócio me disse que havia estabelecido uma parceria com outra empresa e que daquele momento em diante seguiria outro caminho. Simples assim.

Legalmente, havia algumas possibilidades de interpelá-lo judicialmente, mas as chances de reaver qualquer quantia eram muito pequenas. Eu havia investido acreditando que, ao cumprir o que havia me proposto a fazer como sócio, estava fazendo o correto e o melhor para a empresa.

Após 18 meses de investimento na empresa e nessa pessoa, pagando-lhe salário para sua subsistência, pois sua situação financeira era muito delicada, eu a ouvi dizer que não mais seguiria na empresa. Não sei ao certo o que a levou a fazer isso, talvez tenham lhe oferecido alguma coisa que ela não estava vislumbrando na nossa sociedade. Talvez tenha sido medo, mas, qualquer que fosse o motivo, a desonestidade estava em não ser transparente e ética, pois seria muito mais digno ter me procurado para expor a sua insatisfação.

Por essas e outras situações que já ocorreram na minha vida, aconselho a colocarem tudo no papel.

COLOCANDO DINHEIRO NA STARTUP

Toda startup precisa de dinheiro ao começar. Independentemente da quantia, o fato é que são os sócios os responsáveis por trazer esses recursos para a empresa.

No Brasil, ainda é muito difícil para uma startup, sem histórico e sem faturamento, conseguir levantar recursos junto a um banco. Diria que é quase impossível. Portanto, num primeiro momento, os sócios deverão empenhar recursos próprios ou empréstimos familiares para preencher o caixa da sociedade. Capital próprio e empréstimo familiar são os mais comuns no Brasil.

Há recursos públicos disponíveis para certas startups de setores específicos, como o da tecnologia. Governos estaduais e federais vêm criando políticas de incentivo para esse tipo de startup, portanto, você deve procurar saber quais recursos estão disponíveis quando for montar o seu negócio. A Finep, que é a Agência Brasileira da Inovação, é um bom lugar para começar a procurar.

Quanto a investidores como anjos, *early stage*, *seed money*, ou qualquer outro tipo de pessoa física ou jurídica interessada em aportar recursos numa startup, todos se tornarão sócios da empresa, portanto, os tratarei simplesmente como sócios para efeitos deste capítulo. Na realidade, a grande questão na relação com esses investidores será quanto de participação eles terão na sociedade.

Quando se fala em capital social da startup, é extremamente importante que o capital seja devidamente integralizado, pois isso está diretamente relacionado com a responsabilidade dos sócios perante terceiros.

No caso de uma Sociedade Empresária Limitada, a responsabilidade de cada sócio é limitada à sua participação no capital da sociedade. Entretanto, até que as cotas estejam totalmente integralizadas, a responsabilidade dos sócios é estendida ao montante total do capital social da sociedade. Caso um sócio não integralize, ou seja, não coloque recursos suficientes para pagar as suas cotas, o outro será subsidiariamente responsável pela integralização das cotas.

A integralização pode ser feita em dinheiro ou em bens passíveis de avaliação financeira, tais como imóveis, carros, marcas, patentes, ouro, joias etc.

Não é possível integralizar o capital social com lucros futuros que o sócio venha a auferir na sociedade, tampouco é permitido contribuir ao capital com prestação de serviços.

O FIM DA STARTUP

Uma das questões principais que deve ser prevista logo no início é o fim. Em caso de rompimento entre os sócios da startup, de um sócio não querer continuar no negócio ou de o negócio não ter dado certo, deve-se prever como será a eventual compra da parte do sócio dissidente, ou mesmo o encerramento da empresa.

Há a hipótese de um dos sócios desejar aumentar a sua participação na startup, ou mesmo comprar toda a participação do outro sócio. Nesse caso, deve-se prever como será essa comunicação de intenção e como será formatado o preço das cotas ou ações, de forma que o valor oferecido pelo sócio que deseja comprar a participação do outro não seja aviltante, tampouco o outro sócio peça um valor excessivo pela sua participação, inviabilizando o negócio e, por conseguinte, a própria startup.

Na hipótese anterior, eu sempre sugiro o bom senso, usando a regra do bolo. Em outras palavras, eu corto os pedaços do bolo e o outro escolhe qual ele quer. É dizer que, se eu desejo comprar a participação do meu sócio, eu posso fazer uma oferta para a compra das cotas por determinado valor, porém, ele terá o direito, pelo mesmo valor que ofertei, de comprar também a minha participação. Essa é uma fórmula que impede de um sócio oferecer um preço muito baixo pela participação do outro nem tão alto que ele mesmo não consiga pagar.

De toda forma, nesses casos, deve ser definida a regra de avaliação da empresa e, para isso, existem mais de 70 fórmulas diferentes de avaliar, desde apurar o patrimônio líquido, passando pela multiplicação do lucro bruto e a projeção do faturamento futuro da empresa nos próximos cinco ou dez anos, até levar somente em conta os faturamentos dos últimos anos. A fórmula exata vai depender do tipo de negócio conduzido pela startup: comércio, serviço, indústria, tecnologia etc.

Todas as fórmulas são válidas, mas o importante é que essa regra seja acordada entre os sócios e que fique estabelecida em contrato.

EM RESUMO

- Para casar é necessário namorar antes.
- Reflita bem antes de convidar alguém para sócio.
- Escolha sócios com os mesmos princípios e valores.
- Todos os sócios devem contribuir para a criação do negócio.
- Nivele as expectativas entre os sócios.
- Escolha o melhor tipo societário para o seu negócio, e não descuide das cláusulas do contrato ou estatuto social.
- Negocie e escreva o acordo de sócios antes de começar o negócio, principalmente as regras de saída da sociedade.

OITAVO PASSO

O CAMINHO A PERCORRER

" A importância de estabelecer metas como guia para o sucesso da startup. "

É extremamente necessário saber para onde direcionar sua startup antes de fazer escolhas cruciais para a vida dela, caso contrário corre-se o risco de ficar igual a Alice, no País das Maravilhas, de Lewis Carroll, que, quando perdida, pergunta ao gato: "Qual caminho eu sigo?", e o gato responde: "Para onde você quer ir?". E ela responde: "Para qualquer lugar...". Então o gato diz: "Se você não sabe *aonde* quer ir, qualquer caminho serve...".

Ter objetivos bem claros e definidos ajuda a não perder tempo e também a enxergar à frente de cada movimento e decisão tomada na startup. Caso contrário, até os afazeres mais simples podem ficar sem sentido.

E, para encurtar o caminho do crescimento e sucesso da sua startup, o estabelecimento de metas ajuda a definir as prioridades e a tomar decisões focadas na visão estabelecida para a empresa.

PLANEJANDO O "COMO"

Ao seguir todos os passos descritos nos capítulos anteriores deste livro, você já deve ter definido "o que" (objeto da startup) irá fazer na sua startup e também "para onde" (visão) deseja ir com ela. Agora, vamos à ação e definir "como" os objetivos serão atingidos.

Quando planejamos nos preparamos melhor para atingir o resultado desejado e também trabalhamos com um mapa, por meio do qual podemos identificar de antemão qualquer erro a tempo de corrigi-lo. Quando você sabe o que sua startup se propôs a fazer, e com um planejamento colocado por escrito no papel, passa a controlar todas as ações e a pilotar o avião, rumando-o para o objetivo desejado.

O primeiro item do planejamento deve ser a visão que você definiu para a startup, aonde se quer chegar com ela. Isso deve estar bem definido, e escrito no papel.

EXEMPLOS DA VISÃO DE EMPRESAS BRASILEIRAS

Casas Bahia: "Ser uma empresa de atuação e reconhecimento internacional que atenda às necessidades de todas as classes sociais nos mercados em que atuamos, com eficiência e rentabilidade, contribuindo para o crescimento do Brasil".

Natura: "A Natura, por seu comportamento empresarial, pela qualidade das relações que estabelece e por seus produtos e serviços, será uma marca de expressão mundial, identificada com a comunidade das pessoas que se comprometem com a construção de um mundo melhor através da melhor relação consigo mesmas, com o outro, com a natureza da qual fazem parte e com o todo".

QUAL A VISÃO ESTABELECIDA PARA SUA STARTUP?

Uma vez definido para onde você quer ir, divida esse objetivo em metas menores de forma que possa dar um passo após o outro, mirando no objetivo maior.

Estabeleça objetivos de curto prazo (anuais) e de longo prazo (cinco anos). E, ano após ano, reveja, atualize e estabeleça novas metas, sempre mirando naquilo que você escreveu no topo do plano, a Visão.

Você pode estabelecer metas para as diversas frentes da startup, como:

1. vendas: definir as metas de vendas, seja por faturamento global, seja mensal, por produto etc.;
2. financeiro: estabelecer qual o faturamento, as despesas e o lucro líquido desejado para aquele ano específico;
3. recursos humanos: definir percentuais de retenção de talentos, qualificação, satisfação dos colaboradores;
4. marketing: que imagem quer passar da sua startup, como irá se comunicar com o mercado, onde irá posicionar seu produto;
5. produção: definir o volume de produção e a qualidade dos produtos; e
6. outros: acrescentar outras metas que sejam importantes no seu negócio específico.

SEJA SMART

As metas que o ajudarão a fazer sua startup decolar devem ser definidas respeitando uma regra: elas devem ser metas SMART.

A meta estabelecida de forma **SMART** significa que deve ser:

e**S**pecífica
Mensurável
Atingível
Relevante
Temporal

Não adianta elaborar uma meta que não seja e**S**pecífica e **M**ensurável, como: "Quero ter lucro neste ano". Seja específico: "Neste ano, minha empresa irá faturar R$ 1 milhão, sendo o lucro líquido de 15%". Neste exemplo, você sabe exatamente o que deseja atingir e terá como mensurar se realmente atingiu a meta.

Você deve estabelecer metas que sejam *atingíveis* dentro de um espaço de tempo determinado. A meta deve ser possível de ser atingida dentro desse período.

Em outras palavras, não adianta querer faturar R$ 10 milhões em um ano se você está no início da startup. Há ainda um tempo necessário para que você inicie os negócios, conquiste clientes, ganhe credibilidade no mercado etc. Há etapas anteriores pelas quais você deverá passar para alcançar aquele faturamento desejado.

Ainda, a meta deve fazer sentido para você, ou seja, ser *relevante*. Você deve desejar aquilo de verdade, e não fazer algo porque alguém lhe impõe, caso contrário, não correrá atrás com o devido entusiasmo.

Caso você estabeleça que deseja ter um faturamento de R$ 10 milhões, mas sinta que isso não faz sentido para aquele momento, com certeza não se esforçará para atingir a meta.

Além de ser relevante, a meta tem que ter *tempo* definido: início e fim. Um prazo bem determinado. Não pode ser algo que você faça só por fazer ou que não tenha prazo pra iniciar e concluir.

Depois de definidas as metas, estabeleça também *como* irá atingi-las, ou seja, elabore um plano de ação dividindo as metas em passos menores. E, por fim, estabeleça *quem* irá realizá-las, se você mesmo, seu sócio ou alguém da sua equipe.

O planejamento pode ser semestral, anual, bianual, depois por quinquênios, mas, seja como for, é necessário fazer um planejamento diretamente ligado à visão; dessa forma, todas as suas ações o deixarão mais perto de seu objetivo final.

Estabeleça uma meta para cada um dos departamentos ou "pilares" da sua startup (por exemplo: vendas, comercial, financeiro etc.) e siga com disciplina o plano de ação (o "como"), que definirá com clareza como realizar cada uma das metas estabelecidas.

EXEMPLO DE METAS

A seguir, você verá um exemplo simples e breve de como estabelecer metas para sua startup e também um cronograma das atividades a serem realizadas para atingi-las. É um exemplo fictício, mas relacionado ao negócio com o qual venci *O Aprendiz 4 – O Sócio*.

METAS PARA 1 ANO

VISÃO	Contribuir positivamente para o futuro do meio ambiente e da sociedade por meio da economia dos recursos hídricos e geração de renda.

Agora transforme a visão em metas: Meta Vendas, Meta Financeira, Meta Recursos Humanos, Meta Marketing e Meta Produção.

Não se esqueça de que devem ser metas SMART.

META VENDAS

OBJETIVO	Atingir vendas no valor de R$ 100 mil por mês, sendo 70% para o mercado brasileiro e 30% para o mercado internacional (Estados Unidos e Inglaterra).
COMO?	As vendas no Brasil serão concentradas em grandes varejistas e distribuidores da região Sudeste (São Paulo e Paraná). As vendas internacionais serão realizadas por meio da identificação de parceiros locais.
QUANDO?	O início das vendas no mercado brasileiro se dará em janeiro do ano corrente e as vendas internacionais em maio.
QUEM?	Tiago e equipe de vendas.

META FINANCEIRA

OBJETIVO	Faturamento anual de R$ 1,2 milhão. Lucro líquido: 10%.
COMO?	O lucro líquido de 10% deverá ser atingido por meio de um aumento de 20% no faturamento em relação ao ano anterior e diminuição de custos em 10%, resultado da terceirização da produção.
QUANDO?	O aumento no faturamento deverá ser buscado desde o início do ano (janeiro) e a terceirização ocorrerá em julho.
QUEM?	Equipes de venda e de produção.

META RECURSOS HUMANOS

OBJETIVO	Diminuir o absenteísmo dos funcionários em 10%.
COMO?	Implementar programa bimestral de cuidados médicos, como check-ups e vacinação contra gripe. Implementar programa de exercícios matinais.
QUANDO?	A implementação do programa de cuidados médicos terá início em fevereiro e os exercícios matinais terão início em março.
QUEM?	Departamento de RH.

META MARKETING

OBJETIVO	Criar um slogan para a empresa que faça sentido tanto nacional como internacionalmente.
COMO?	Contratar agência de branding com experiência internacional.
QUANDO?	Iniciar a seleção das agências em maio, finalizando em junho. O novo slogan deve estar pronto para lançamento em setembro.
QUEM?	Tiago e diretor de marketing.

META PRODUÇÃO

OBJETIVO	Terceirizar a produção para empresa capaz de fabricar 100 mil pacotes/mês.
COMO?	Entrar em contato com a Federação das Indústrias para buscar lista de empresas com capacidade para atingir a meta de produção estabelecida.
QUANDO?	Todo o processo de terceirização deve ser concluído até junho e início da produção terceirizada em julho.
QUEM?	Equipe de produção e controle de qualidade.

Quando estabelecemos uma meta, adquirimos consciência da importância do que está sendo feito e, por conseguinte, trabalhamos com mais afinco para atingir os objetivos, pois eles estão claros para nós.

Uma vez estabelecidas as metas, deve-se escrever um plano de ação para atingi-las. Tão importante quanto a meta é o *como*, o plano de ação.

ESCREVENDO O PLANO DE AÇÃO

O seu plano de ação deve transcrever como vai executar cada uma daquelas metas estabelecidas, por onde começará e quais serão os primeiros passos.

Por exemplo: se você colocou como meta desenvolver cem aplicativos para smartphones neste ano, o que deve ser feito para atingir esse objetivo? Quais os softwares necessários para desenvolver esses aplicativos? Será necessária a contratação de desenvolvedores?

Ainda, se financeiramente a meta é faturar R$ 100 mil por mês, quais são os passos para isso? Primeiro, deve-se estabelecer quantos clientes deverão ser abordados e com quantos terá de fechar negócio para atingir aquele faturamento. Também será necessário estabelecer o volume de produção adequado para abastecer os clientes conquistados.

Estabeleça os prazos mês a mês. Deve-se detalhar o máximo possível cada ação a ser executada.

META PRODUÇÃO

Terceirizar a produção para empresa capaz de fabricar 100 mil pacotes/mês.

Janeiro	Fevereiro	Março	Abril	Maio
Ligar para Federação das Indústrias.	Contatar e agendar reuniões com empresas potenciais.	Visitar empresa.	Finalização de testes de produtos.	Reunir-se com as empresas que tiveram os produtos aprovados.
Contatar associação de empresas terceirizadoras de produção.	Contatar associação de empresas terceirizadoras de produção.	Visitar clientes das empresas selecionadas.	Elaborar relatórios de testes de produtos e comparar resultados.	Iniciar negociação com as empresas aprovadas.
Preparar lista de empresas potenciais.	Solicitar planilha de preços de produção.	Testar produtos.	Pesquisar a situação financeira das empresas.	

PLANEJAMENTO SE FAZ A LÁPIS

É preciso fazer uma ressalva: planejamento se faz a lápis. Em determinadas situações, as circunstâncias podem mudar e será necessário alterar o planejamento à medida que as coisas acontecem. Flexibilidade e adaptação.

Você pode ter de antecipar, ou talvez postergar, algumas metas. Todo planejamento deve ter uma maleabilidade, uma margem de manobra e correção.

No entanto, sempre se deve seguir um plano de ação, adaptando-o à medida que as circunstâncias se alteram. Pode acontecer de você conquistar as coisas antes do planejado, então automaticamente elas deixam de ser relevantes. Se esse for o caso, será o momento de refazer os planos. Procure substituir as metas sempre que a ocasião exigir.

> **EM RESUMO**

- Seja esperto, estabeleça metas SMART.
- Elaborar um planejamento o ajuda a definir aonde quer chegar.
- No topo do planejamento deve estar a visão da startup.
- Alguns pilares da empresa são: (1) vendas, (2) financeiro, (3) RH, (4) marketing, (5) produção.
- É preciso ser criterioso, e para atingir essa condição é fundamental ter planejamento.
- Detalhar o planejamento deixa a meta mais identificável, mais visual, e, consequentemente, mais atingível.
- A ansiedade termina quando se sabe que caminho seguir.
- Metas atingidas antes do prazo podem ser alteradas.
- Planejamento se faz a lápis.

NONO PASSO

COMO SE TORNAR CONHECIDO

" Quem não se comunica se trumbica. "

Abelardo Barbosa, o famoso Chacrinha

Hoje, não basta ter um bom produto ou serviço, abrir as portas de uma loja, colocar um site no ar ou desenvolver um aplicativo. A concorrência é grande e o universo dos negócios, globalizado. Seu produto ou serviço compete com seus pares nacionais e também com os internacionais. Ganha quem se comunica.

Marketing pode ser definido como as atividades envolvidas na transferência de bens do produtor ou vendedor ao consumidor ou comprador, incluindo propaganda, frete, estocagem e venda.

Como foi dito em outro capítulo, o segredo de um negócio é satisfazer necessidades, e é isso que o marketing pretende fazer: satisfazer as necessidades das pessoas, construindo uma ponte entre os provedores de produtos ou serviços e aqueles que buscam esses produtos ou serviços.

BRANDING (ESTRATÉGIA DE MARCA)

A importância do branding está não só na criação de uma marca e um nome de sucesso que todos os consumidores lembrarão, como também na elaboração dos elementos individuais do produto que o tornarão único.

Para entender branding, é importante saber o significado de marca. A marca é a ideia ou imagem de um produto ou serviço por meio da qual os consumidores irão se conectar, identificando o nome, logotipo, slogan e até relacionando-a com a visão da empresa que possui a ideia ou imagem. Por exemplo, no caso da Natura, cuja visão mencionei no Capítulo 8, todas as marcas que ela possui estão intimamente ligadas aos seus valores e à sua missão.

Entendido o que é marca, fica mais fácil entender que branding é quando essa ideia ou imagem é comercializada para que seja reconhecida por mais e mais pessoas e identificada com determinado serviço ou produto.

Nome, termo, design, estilo, palavras, símbolos ou qualquer outra característica que diferencie os bens e serviços de um vendedor dos de outros vendedores faz parte dos elementos de uma marca. Uma marca de sucesso é aquela que cria e sustenta uma impressão forte, positiva e duradoura na mente do comprador.

Não será difícil construir a marca e a estratégia de divulgação da sua startup se você seguiu todos os passos descritos até agora neste livro. Para ajudá-lo ainda mais nesse desafio responda a estas perguntas:

- Qual é a missão e a visão da sua empresa?
- Quais são os benefícios e as características de seus produtos ou serviços?
- Quais as qualidades que você quer que as pessoas associem à sua empresa?

A definição da marca, ou de um nome para seu produto, serviço ou empresa estará intimamente ligada a essas perguntas e à mensagem que você quer passar. Uma marca forte permite margens superiores à concorrência.

O nome que você vai escolher deve levar em consideração a mensagem a ser comunicada, o produto (ou serviço), os concorrentes, a facilidade do uso escrito e falado e o segmento empresarial.

Numa das empresas de que fui sócio, criamos uma marca muito bonita que pretendia inspirar as pessoas e motivá-las de forma intangível e sensorial. Por trás da marca, havia muita explicação sobre seu sentido e seus atributos. Não posso dizer que marca era, mas o fato é que de nenhuma forma ela fazia referência ao produto.

Com a marca e o produto debaixo do braço fui para a Austrália prospectar o mercado e conversar com futuros distribuidores desse produto. Lá conheci um dos mais famosos marqueteiros de Sidney e tive uma reunião com ele.

Durante cinco minutos falei sobre o produto e a marca, e ele me disse: "Não vai funcionar". Indaguei o porquê, e ele me respondeu dizendo que eu havia acabado de usar cinco minutos para explicar a marca. De modo insolente, eu disse que Coca-Cola também não fazia referência a nada. Daí ele me perguntou: "Você tem 100 milhões de dólares para divulgar a marca? Porque esse é o valor que a Coca-Cola já gastou aqui na Austrália com a divulgação da Coca-Zero".

Um nome muito bonito mas que não remeta ao produto pode não funcionar, e você terá de gastar muito dinheiro para promover a associação entre marca e produto.

Após o nome, crie um logotipo e coloque-o em todos os lugares da sua empresa e na sua comunicação. Integre sua marca a todos os seus aspectos de negócio, desde atender ao telefone até a assinatura do e-mail.

Junto com a marca, desenvolva um slogan que seja conciso, mas que transmita a essência da marca. Estabeleça um padrão para o uso da marca nos materiais de marketing – qual a cor e o tamanho da logomarca.

Definida a marca, você deve, então, partir para sua estratégia de divulgação. A estratégia de marca é como, o quê, onde, quando e para quem você está pensando em comunicar e entregar a mensagem da sua marca. Onde anunciar é parte de sua estratégia de marca, bem como os canais de distribuição e o que você vai comunicar visual e verbalmente.

Por fim, seja fiel à sua marca. Em inglês, há uma expressão muito utilizada que diz *"talk the talk, walk the walk"*, que em português seria algo como "fazer o que se fala". Não adianta criar uma linda marca, slogan e missão para sua startup se você e a empresa não vivem o que construíram como marca. De uma forma ou de outra, os consumidores acabam percebendo a mentira e deixam de comprar.

TORNE-SE CONHECIDO

Para aqueles que conhecem pouco sobre marketing, há uma famosa regra quando se fala em "promover" seu produto ou serviço: o mix de marketing, conhecido como os 4 P's:

4 P'S DO MARKETING

1	Produto
2	Preço
3	Promoção
4	Ponto de venda

O primeiro P faz referência ao produto ou serviço a ser vendido. O que é, quais as suas qualidades e diferenciais e qual necessidade ele se dispõe a atender.

O segundo diz respeito ao preço pelo qual o produto ou serviço será oferecido ao mercado. No capítulo sobre finanças, a seguir, analiso como calcular e estabelecer o preço de venda mínimo de um produto.

No meu negócio dos lenços umedecidos para lavar carro sem água, realizamos uma pesquisa qualitativa, isto é, com poucas pessoas, mas focada nos consumidores que queríamos atingir, para definir o preço de venda, considerando também a margem que os revendedores adicionariam ao produto para que chegasse à gôndola.

Com base na pesquisa qualitativa, percebemos que a média de preço que o consumidor estava disposto a pagar por um produto ecologicamente correto não estava acima do que uma pessoa se dispunha a pagar por uma lavagem comum, ou seja, o atributo intrínseco do produto de ser benéfico ao meio ambiente não era valorado pelo consumidor na hora da compra, fato extremamente importante para determinar o preço de venda.

Com base nessa pesquisa, pudemos reavaliar a margem de lucro e os investimentos necessários para promover o produto, o que foi determinante para que no futuro eu optasse pela venda dessa minha startup.

O terceiro P refere-se a promover o produto, tornando-o conhecido do consumidor. Nesse ponto, o empreendedor deve definir qual estratégia será utilizada para divulgar seu produto ou serviço ao mercado e qual cabe no seu bolso, por exemplo: mala direta, telemarketing, comercial de TV, revistas, jornais, anúncios em outdoor, rádios, internet, eventos de relacionamento, assessoria de imprensa etc.

A escolha do meio mais adequado para promover seu produto ou serviço passa primeiro pela definição do público-alvo: pessoa física ou jurídica. Cada qual terá uma forma diferente de abordagem.

A pessoa jurídica, por ser em quantidade menor, permite abordagem pessoal por meio de telefonemas, visitas, encontros em feiras e exposições, envio de mala direta e anúncios em revistas especializadas. Para saber quem são e onde estão seus potenciais clientes pessoas jurídicas, comece sua busca em listas elaboradas por revistas especializadas (anuários), associações empresariais, federações de empresas e sindicatos.

Uma simples planilha pode ajudá-lo a manter bem organizados todos os seus contatos com os futuros clientes (*prospects*) e permitirá controlar os próximos passos. Caso o número de clientes seja muito grande, a aquisição de um software de administração de clientes será necessário.

Para divulgação a clientes pessoa física, caso o seu orçamento permita, você poderá optar entre comunicação de massa (rádio, TV, revistas ou jornais), ou direta por meio de mailing, panfletos, telemarketing ou boca a boca (networking).

No que diz respeito aos veículos de massa, certifique-se de que aquele canal possui a audiência que você quer atingir e faça isso não só solicitando informações ao canal (rádio, TV, revistas etc.), pois todos dirão, de uma forma ou outra, que atingem o seu consumidor, mas sim perguntando ao seu consumidor se ele utiliza aquele meio de informação.

Quanto montei o programa *Atitude BR*, meu objetivo foi atingir um público formado por empreendedores que possuíam pequenas empresas e que não eram formados em administração ou marketing. Assim, escolhi um meio de comunicação que atingisse um público da classe C, com mais de 25 anos, representado em sua maioria por homens. Essa definição de perfil foi essencial para a escolha dos canais de comunicação.

O quarto P determina o local onde o produto ou serviço será vendido: o ponto de venda. Antigamente, o ponto de venda estava mais relacionado ao local físico propriamente dito das lojas de varejo, por exemplo, as gôndolas dos supermercados. Hoje, o ponto de venda pode ir desde o local físico até os ambientes da internet.

Um aspecto importante para determinar o local onde o produto será oferecido diz respeito à definição demográfica do consumidor a ser atingido. Para isso, obtenha as respostas às seguintes perguntas:

- Quem é o consumidor que você pretende atingir com o produto ou serviço oferecido pela sua startup?
- Qual é a sua idade?
- É pessoa física ou jurídica?
- É homem ou mulher?
- Qual é sua classe social?
- Qual é seu nível de escolaridade?
- Qual é sua renda média?
- Qual é sua nacionalidade?
- Qual é sua religião?
- Qual é seu estilo de vida?
- Onde ele mora?
- Qual é sua etnia?

Para responder a essas perguntas, você poderá contratar uma consultoria de marketing especializada em análise demográfica ou, como na maioria das startups em que o dinheiro é contado, realizar essa pesquisa você mesmo, utilizando sua rede de contatos, amigos e parentes.

FLUXO DE VENDA

Independentemente do negócio em que sua startup estará inserida, o processo para realizar uma venda irá impreterivelmente passar pelas mesmas etapas que qualquer outro negócio.

Mercado-alvo

Primeiro, identifique quem são os consumidores que você quer atingir com seu produto ou serviço. Os consumidores que você constatou que possuem uma "necessidade" reprimida.

Criar oportunidades

Feito isso, você deve criar oportunidades de venda para o mercado-alvo. É aqui que entra o marketing como ferramenta essencial para levar seu produto ou serviço ao conhecimento dos consumidores. Isso pode ser feito utilizando os vários meios de comunicação que listei anteriormente.

Classificar as oportunidades

Uma vez criadas as oportunidades para vender seu produto ou serviço, seja isso feito por meio de anúncios, seja por meio de eventos de lançamento, mala direta etc., você deve avaliá-las e classificá-las de acordo com seu interesse ou não.

Muitas vezes, as oportunidades criadas não trazem aqueles consumidores que você pretendia atingir; portanto, você deverá descartar e recomeçar, avaliando em que etapa o processo falhou e as razões de não se ter alcançado o perfil de consumidor definido por você. A falha pode estar tanto na mensagem como no meio utilizado.

Se as oportunidades criadas geraram consumidores potenciais, o próximo passo será abordar os clientes por telefone ou pessoalmente.

Abordagem

Na hora de abordar um *prospect*, minha sugestão é não confiar totalmente na sua intuição e no seu papo, mas escrever um roteiro a ser seguido. Caso a abordagem seja feita ao telefone, de posse do roteiro escrito, você poderá lê-lo ao conversar com alguém. Dessa forma, você não fica dependendo somente da memória e espontaneidade para convencer o futuro cliente sobre as razões pelas quais ele deveria recebê-lo.

Eu sempre usei esse método e elaborei diversos roteiros para minhas equipes de venda seguirem ao telefonar para alguém. Dessa forma, eu não só mantinha o controle do que estava sendo dito, mas também transmitia exatamente a mensagem que queria passar aos clientes.

Meus roteiros eram bem detalhados, começando no "Olá" e terminando com a frase "Podemos agendar uma reunião?". Veja um exemplo:

> Boa tarde, nós somos do programa *Atitude BR*, que vai ao ar todo domingo na TV. O foco do programa é mostrar melhores práticas de gestão e serviços de grandes empresas que possam influenciar e informar as pequenas e médias empresas. Estou ligando pois

surgiu uma excelente oportunidade para você participar do programa mostrando o seu conteúdo por meio de um comercial criado para sua empresa, onde você poderá expor sua marca e seu produto para todo o Brasil num canal especificamente voltado para o público empresarial. Eu gostaria de conhecê-lo pessoalmente e lhe mostrar como podemos trabalhar juntos para tornar seu produto conhecido do nosso público. Podemos agendar uma reunião? Na próxima quarta-feira, às 10 horas, está bom para você?

Lembre-se sempre de que, ao abordar um futuro cliente, o qual não está esperando sua ligação, ele tentará ser evasivo, protelando qualquer contato pessoal, portanto, você deve manter controle dos próximos passos. Nunca finalize uma abordagem pedindo para que a pessoa pense no assunto e lhe telefone, ou perguntando quando você pode retornar a ligação.

Seja sempre você a jogar a próxima carta. Dê prazo e estabeleça datas para dar continuidade à prospecção. Caso seja necessário ligar novamente, comunique-o que você entrará em contato dali dois dias na parte da manhã. Seja objetivo e enfático, mantendo as rédeas curtas.

Apresentação e contra-argumentação

Uma vez marcada a reunião, é hora de apresentar o produto. Faça uma boa apresentação, não canse o cliente. Minha sugestão é: fale menos e ouça mais. Comece a reunião perguntando sobre o cliente e tentando descobrir suas necessidades e em que você pode ajudar.

Durante esse processo de venda, quase certamente você ouvirá "nãos" e oposições ao produto. Procure contra-argumentar as oposições, primeiro, aceitando os argumentos do cliente e, depois, mostrando outras vantagens ou características. Nunca entre na defensiva ou se sinta pessoalmente ofendido.

Fechamento

A última etapa da venda é o fechamento. Muitos empreendedores recuam nessa hora por vergonha de falar sobre dinheiro ou não ter confiança no seu valor – no caso de prestação de serviço – ou no produto. Por isso, é muito importante ter certeza de que o seu preço está de acordo com o que o mercado pode pagar para o produto.

Todo contato com o cliente é uma oportunidade para fechar uma venda, seja ao telefone, seja pessoalmente. Não desperdice uma chance. Para fechar uma venda, seja perspicaz e esteja atento aos sinais que demonstrem que o cliente está pronto para concluir a transação. Perguntas como "qual o preço?", "qual o prazo de entrega?" e "pode fazer desconto?" podem sinalizar que o cliente se interessou pelo produto.

Manutenção

Costumo dizer que fazer a primeira venda é fácil, mas a segunda é mais difícil. Primeiro, porque o cliente precisa ter ficado extremamente satisfeito com seu serviço ou produto; segundo, manter o relacionamento ativo com aquele cliente nem sempre é a prioridade da empresa.

Muitas empresas se esquecem de que manter um cliente é mais barato do que conseguir outro. Portanto, mantenha constantemente contato com seu cliente, seja fazendo visitas, seja mantendo um canal de comunicação com ele.

Figura 4 ▶ Manutenção

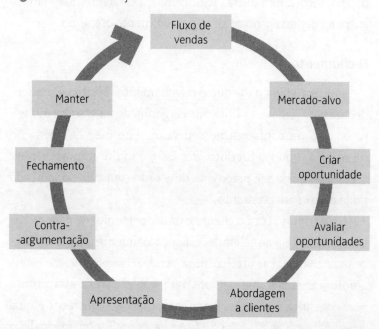

> **EM RESUMO**

- Defina o cliente.
- Crie uma marca que faça sentido para você.
- Defina a estratégia de divulgação da marca.
- Pense grande, mas comece pequeno.
- Siga todas as etapas do fluxo de vendas.
- Mantenha o seu cliente satisfeito.
- *Talk the talk, walk the walk.*

DÉCIMO PASSO

O QUE VOCÊ NÃO PODE NÃO SABER SOBRE FINANÇAS

"Lucro líquido = R$ 1.000.000,00"

Em todos esses anos falando sobre empreendedorismo e entrevistando empreendedores de sucesso, uma característica saltou aos olhos: a maioria não gosta de controlar as finanças. De tanto ouvir empreendedores falar que não gostam de números, parece-me que ter uma ideia boa e empreender está totalmente dissociado do controle financeiro.

Caso você seja como a maioria e não aprecia ficar grudado numa planilha financeira, saiba que o importante é conhecer alguns conceitos e contar com uma assessoria especializada no assunto, pois a maior parte dos negócios que quebram nos primeiros dois anos de vida é por falta de controle financeiro.

Se você abriu uma startup, foi para ter lucro. Esse é o primeiro conceito que se deve ter em mente ao montá-la. Lucro é o objetivo de qualquer empresa, e é somente tendo lucro que se pode cumprir qualquer outra missão que tenha estabelecido ao abrir sua startup.

Não importa se seu negócio vai mudar a forma de as pessoas se relacionarem ou vai acabar com uma doença até então incurável – se não der lucro, nenhuma missão será cumprida.

LUCRO

A primeira coisa que você deve definir ao abrir a startup é qual o lucro que você quer ter. Mas o que é lucro? Lucro é qualquer resultado positivo advindo de um investimento.

Numa empresa, o lucro bruto corresponderá à diferença entre a receita líquida das vendas e serviços e o custo dos bens e serviços vendidos. Em outras palavras, é o resultado final de todas as operações da empresa.

Para ser empresário e tomar decisões que vão gerar lucro, sempre leve em consideração que uma empresa é uma forma de investimento, pois ao investir num negócio você espera que dê mais dinheiro do que se simplesmente deixasse esse dinheiro parado no banco ou numa poupança. Assim, uma boa forma de determinar qual o percentual de lucro que você deseja é analisar que outros investimentos você poderia fazer com o mesmo dinheiro.

Imagine que você irá precisar de R$ 100 mil para montar sua startup. Se você deixasse esse dinheiro numa aplicação segura, você poderia ter lucro no final do mês igual a 1% do valor investido, o que corresponde aos juros pagos por essa aplicação. Se quisesse comprar um apartamento e recebesse aluguéis, talvez recebesse o equivalente a 0,5% do valor total do imóvel.

É com base nessas referências que você deve determinar qual lucro você quer obter no final do mês: 5%, 10%, 15% etc. Caso queira obter R$ 10 mil no final do mês para um investimento de R$ 100 mil, terá de estabelecer um percentual de 10% de lucro. Com essa meta nas mãos (10% de lucro no final do mês), você poderá calcular o volume de vendas correspondente. Em outras palavras, quanto de produto ou serviços deverá vender num único mês para atingir 10% de lucro.

Lucro líquido

Outro ponto importante, e também a razão de a maioria dos negócios abertos no Brasil não passarem dos dois anos de vida, é a verificação do lucro líquido no final do mês. Não se deve confundir lucro líquido de um negócio com o saldo bancário, pois pode ocorrer de o saldo ser positivo no banco, mas a operação da startup ter dado prejuízo em determinado período. E saber se a startup está tendo lucro líquido ou prejuízo no final do mês é fundamental para a tomada de decisões. Assim, uma forma fácil de calcular o lucro líquido é utilizar a tabela a seguir, lembrando que o valor do estoque pode ser calculado pelo preço de aquisição dos produtos.

Item	Contabilidade	R$
1	Valor do estoque no final do mês	0,00
2	Faturamento mensal	
3	Compras no mês	
4	Valor do estoque no início do mês	
5	Lucro bruto (1+2) – (3+4)	
6	Impostos e comissões sobre o faturamento	
7	Margem de contribuição (5–6)	
8	Gastos fixos mensais	
9	Despesas financeiras mensais	
10	**Lucro líquido (7– 8– 9)**	

RETORNO DE INVESTIMENTO

O retorno de investimento, também conhecido como ROI (*Return Over Investment*), mostrará a você quantos meses serão necessários para recuperar o capital investido.

Só valerá a pena montar uma startup caso o negócio tenha capacidade de gerar dinheiro suficiente para retornar todo o capital investido em determinado período. E, após retornar o dinheiro investido, o negócio também deve ter a capacidade de proporcionar um capital extra, ou seja, lucro. Por meio do ROI pode-se calcular a rentabilidade do negócio e ainda o tempo que se levará para reaver o investimento feito.

Existem várias maneiras de determinar o ROI, mas o método mais utilizado é dividir o lucro líquido pelo total de ativos. Então, se seu lucro líquido é de R$ 30 mil e seus ativos totais são de R$ 300 mil, o ROI será 0,1 ou 10%.

O que vai dizer se seu negócio é bom ou não é justamente a rentabilidade que ele gera. No exemplo anterior, 10% é uma ótima rentabilidade, porque dificilmente você conseguiria a mesma rentabilidade em uma aplicação financeira ou caderneta de poupança.

Agora, digamos que seu lucro líquido está sendo de R$ 3 mil mensais e que o capital que você investiu na startup foi de R$ 300 mil; o ROI nesse caso é de 0,01 ou 1%. Nesse exemplo, vale repensar o negócio e agir para que produza mais lucro, pois o mesmo capital investido em um fundo de investimento sem riscos poderá render o mesmo 1%, porém sem todo o risco que um negócio carrega.

O retorno sobre o investimento não é necessariamente o mesmo que lucro. O ROI refere-se ao dinheiro que você investiu na empresa e o tempo que levará para reavê-lo tomando por base o lucro líquido do negócio. Lucro, contudo, mede o desempenho do negócio.

Para calcular o tempo que o negócio levará para retornar a você o capital investido, ou seja, o prazo de retorno, deve-se dividir o investimento feito pelo lucro mensal. Assim, no exemplo dado, caso o investimento feito tenha sido de R$ 300 mil e o negócio esteja gerando R$ 30 mil de lucro por mês, o prazo de retorno será de dez meses.

$$\text{Prazo de retorno} = \frac{\text{Investimento}}{\text{Lucro mensal}} = \frac{300.000}{30.000} = 10 \text{ meses}$$

Após dez meses rodando sua startup, você terá de volta o capital investido. A partir desse ponto, tudo o que receber a mais será considerado lucro sobre o capital investido e você terá praticamente dobrado seu patrimônio, pois terá de volta o capital que investiu e também possuirá um negócio nesse mesmo valor.

NÍVEL DE LUCRATIVIDADE

O nível de lucratividade é um indicador que mede quanto de lucro você está tendo em cada venda. É utilizado para avaliar a capacidade de uma empresa de gerar lucros em comparação com suas despesas e outros custos relevantes incorridos durante um período específico.

Você também pode usar o indicador de lucratividade para se comparar com os concorrentes. Caso tenha um valor mais alto em relação ao índice de um concorrente, ou o mesmo valor, é sinal de que a empresa está indo bem.

Usando ainda o exemplo anterior, imagine que para gerar o lucro de R$ 30 mil tenha sido necessário faturar R$ 90 mil no mês. Nesse caso, a startup teve uma lucratividade igual a 33%, que é mais do que muitos negócios conseguem atingir no Brasil.

$$\text{Lucratividade} = \frac{\text{Lucro}}{\text{Faturamento}} = \frac{30.000}{90.000} = \frac{0{,}33 \times 100}{} = 33\%$$

Agora, imaginemos que para obter o mesmo lucro de R$ 30 mil fosse necessário um faturamento de R$ 300 mil. Nesse caso, a lucratividade cairia para 10%, o que ainda pode ser bom, mas o que vai realmente indicar se esse nível de lucratividade é bom ou ruim será a comparação com os concorrentes de mercado, pois, se estiver acima deles, sua startup está fazendo um bom trabalho, mas, se ficar abaixo, será importante revisar as despesas e os custos que está tendo para operar a empresa.

PONTO DE EQUILÍBRIO

O ponto de equilíbrio é também denominado *break-even point*. Trata-se do ponto em que os ganhos se igualam às perdas. Para as startups, atingir o ponto de equilíbrio é o primeiro grande passo para a rentabilidade.

O ponto de equilíbrio é alcançado quando a soma da receita total é igual ao valor dos custos e despesas variáveis somados com os custos e despesas fixas. Uma empresa tem lucro quanto ultrapassa o ponto de equilíbrio. E, quanto mais cedo no mês uma empresa conseguir ultrapassar esse ponto, mais eficiente ela é.

No ponto de equilíbrio de um negócio, o lucro é igual à despesa e, portanto, não há ganho ou perda. É o ponto a partir do qual um aumento de vendas ou uma redução dos custos gera um ganho e uma redução de vendas ou um aumento nos custos gera uma perda.

> No ponto de equilíbrio: receita = custos fixos + custos variáveis

Para calcular o ponto de equilíbrio, você precisa determinar todos os custos fixos e variáveis envolvidos na operação. Os custos fixos são aqueles que devem ser pagos independentemente das vendas. Os custos variáveis são proporcionais ao nível de vendas.

Custos fixos

Alguns exemplos de custos fixos incluem: aluguel, salários dos funcionários, planos de benefícios a funcionários, contratos de manutenção, contratos para serviços de limpeza e segurança, contratos de publicidade, seguros, eletricidade, gás, água e esgoto, linhas telefônicas, celular, internet, depreciação e amortização, juros e despesas com dívidas.

Custos variáveis

Os custos variáveis incluem matérias-primas e insumos utilizados na fabricação dos produtos; transporte de mercadorias; aluguel de máquinas, equipamentos e ferramentas para trabalhos específicos; combustível; horas extras de funcionários; contrato de trabalho temporário; material de escritório; despesas de viagem e comissões de vendas.

Há alguns custos que podem tanto ser fixos quanto variáveis, dependendo do caso. Por exemplo, a energia elétrica. A energia utilizada para manter a fábrica iluminada é custo fixo, mas, se para fabricar um produto específico for necessário gastar mais energia, ela será variável.

E lembre-se sempre de que o custo variável refere-se aos produtos efetivamente vendidos, e não aos que estão em estoque.

O ponto de equilíbrio pode ser calculado sob diversos indicadores, por exemplo, com base nos custos totais, ou em termos de quantidade de unidades a serem vendidas para se atingir o ponto, ou com base num percentual da margem. Quanto mais indicadores sua startup tiver, melhor. Os indicadores estão para uma startup assim como os instrumentos de voo estão para um avião.

Para calcular o *break-even* com base nos custos totais, utilize a seguinte fórmula:

$$\text{Vendas no } break\text{-}even = \frac{\text{Custos fixos}}{1 - (\text{Custos variáveis} / \text{Vendas reais})}$$

Uma empresa que trabalha com diversos produtos ou serviços pode querer determinar o *break-even* por produto ou numa base global. Quanto mais específico for o indicador, melhor para a tomada de decisões, porque ao determinar o *break-even* por produto você pode querer se concentrar naqueles que são mais rentáveis e descontinuar aqueles que não são tão rentáveis assim. Embora seja inteligente analisar se aqueles produtos não tão rentáveis não estejam contribuindo para que o consumidor seja incentivado a adquirir o mais rentável.

MARGEM DE CONTRIBUIÇÃO

Para que serve? Primeiro, é importante entender o conceito. Margem de contribuição significa o ganho bruto sobre as vendas, ou seja, é o valor que sobra das vendas para que a empresa possa pagar suas despesas fixas e ainda ter lucro.

Muitos empreendedores brasileiros, seja no comércio, seja na indústria, em virtude da quantidade de impostos, taxas e contribuições complicados que pagam, não conseguem calcular corretamente a margem de contribuição, e acabam optando por um método simples que se resume a somar o custo de produção mais despesas fixas e adicionar 50% de margem, ou mais. Ocorre que, fazendo dessa forma, seu produto pode se tornar caro e não competitivo, ou, pior ainda, dar prejuízo e você nem saber.

Para calcular a margem de contribuição e saber qual será o seu lucro no final do mês, deve-se subtrair do valor de venda do produto todos os custos variáveis e as despesas variáveis que você tenha na hora de fabricar o seu produto ou vender o seu serviço.

Considere esta fórmula para achar a margem de contribuição:

Margem de Contribuição	=	Valor das Vendas	−	(Custos variáveis + Despesas variáveis)

Você pode calcular a margem de contribuição pelo volume total de produtos vendidos ou, caso tenha diversos produtos com custos diferentes, pode calcular a margem de cada produto. Seja como for, o importante é que no final de todas as contas a margem de contribuição seja suficiente para pagar todas as despesas fixas e gerar lucro.

Como mencionei no início, esteja atento para não fazer uma simples conta de calcular despesas e custos de fabricação e adicionar um percentual aleatório, pois isso não resultará no mesmo percentual de margem de contribuição. Quando se fala em percentual, a ordem dos fatores altera totalmente o resultado. Quer dizer que Despesas + Custos x 50% de "margem" não significa que a margem realmente é essa. Exemplificando:

Imaginemos uma situação em que os custos para fabricação de um produto seja de R$ 300,00 e que os donos simplesmente "jogam em cima" desse custo de 50% de "margem". O valor de venda desse produto então será R$ 450,00. Mas, para vender o produto, eles pagam 5% de comissão mais 15% de impostos.

Vejamos, então, qual a margem de contribuição real:

	Calculando a margem	R$	%
	Preço de venda	450,00	100
–	Despesas variáveis (comissão + impostos)	90,00	20
–	Custos variáveis	300,00	66,7
=	**Margem de contribuição**	60,00	13,3

Nesse exemplo, chegamos à ingrata surpresa de que, quando se pensava ter uma margem de 50%, na realidade a margem de contribuição estava em 13,3%. Assim, cada produto vendido a R$ 450,00 deixava R$ 60,00 para pagar todas as despesas fixas e ainda ter lucro.

A quem está iniciando no mundo dos negócios, principalmente montando sua primeira startup, aconselho fortemente que procure um consultor financeiro.

PREÇO DE VENDA

Grande parte dos comerciantes, por falta de informação e preparo, utiliza uma "fórmula" básica para determinar o preço de venda de um produto que é muito similar ao cálculo da margem de contribuição.

Simplesmente somam ao valor do custo de aquisição do produto 50% de margem. Em outras palavras, se minha startup vai vender meias pela internet e cada par custa R$ 3,00, logo, meu preço de venda será R$ 4,50 (ou seja, 50% de R$ 3,00 = R$ 1,50 mais o preço pago pela meia, que foi R$ 3,00). Porém, se fizermos agora a conta de trás para a frente, veremos que a "margem" imaginada de 50% na realidade é de 33%, pois R$ 1,50 sobre R$ 4,50 é igual a 0,33 (ou 33%).

Essa é uma das maiores razões pelas quais uma empresa não dá lucro no final do ano: não estabelecer corretamente o preço de venda. Para tanto, a fórmula a ser usada é relativamente simples, veja:

Preço de venda	= Custo + Lucro + Rateio de custo fixo + Despesas variáveis

A apuração dos custos se faz pela própria contabilidade, levando em consideração outras informações, como controle de estoque, rateios de custos indiretos, horas de produção etc. Também deve-se levar em conta as despesas administrativas para a correta formação do preço.

O rateio do custo fixo pode ser facilmente calculado tomando por base o total dos custos fixos, dividindo-se pelo faturamento obtido em determinado mês. Por meio dessa conta se chegará à relação percentual das despesas fixas no total de vendas. Digamos que em determinado mês as vendas alcançaram R$ 100 mil e as despesas fixas foram de R$ 20 mil; dividindo-se

R$ 20 mil/R$ 100 mil, temos 0,2, que, transformado em percentual, será 20%.

Exemplificando: caso o custo de aquisição dos insumos para fabricação do produto seja de R$ 100,00, o lucro desejado tenha sido estabelecido em 10%, as despesas variáveis somadas aos tributos estejam na casa dos 15% e o rateio dos custos fixos em 20%, teremos que o preço de venda mínimo desse produto deve ser de R$ 181,82.

	Preço de venda	
+	Custo de aquisição de insumos	100,00
+	Despesas variáveis (comissão + impostos)	15%
+	Lucro desejado	10%
+	Rateio de custos fixos	20%

Para realizar esse cálculo, teremos de utilizar uma fórmula matemática, levando em consideração que o preço de venda (PV) é igual a 100%, assim:

100% PV = 100,00 + 15% + 10% + 20%
100% PV = 100 + 45%
100% − 45% PV = 100
55% PV = 100
PV = 100 / 55% (ou 0,55)
PV = 181,82

Calculado o preço de venda do produto ou serviço, uma pesquisa de mercado em relação à concorrência é muito importante para verificar se você está muito abaixo ou acima do mercado. Caso esteja demasiado acima, reveja todos os processos para encontrar as perdas na produção.

Em contrapartida, você pode adotar a estratégia de se posicionar acima da concorrência em termos de preço, desde que essa seja uma estratégia deliberada de posicionamento do seu produto ou serviço, de forma a ter mais lucro, e não simplesmente ser mais caro por ser ineficiente.

FLUXO DE CAIXA

O fluxo de caixa é o registro das entradas e saídas de dinheiro na empresa, que tem função maior de planejamento financeiro. É ele que antecipa se vai sobrar ou faltar dinheiro em determinado período, ajudando, assim, na tomada de decisões.

Sem usar o fluxo de caixa é praticamente impossível administrar financeiramente a startup. O fluxo de caixa pode ser realizado diária, semanal ou mensalmente, dependendo da necessidade de controle das entradas e saídas de recursos.

No comércio é aconselhável o controle diário das entradas e saídas, já uma prestadora de serviço pode realizá-lo mensalmente, caso o serviço seja mais intelectual e não exija muitas movimentações de dinheiro.

01/01/2013	2013	seg.	seg.	ter.	ter.	qua.	qua.
	JANEIRO	Previsto	Realizado	Prev.	Real.	Prev.	Real.
SALDO INICIAL DE CAIXA	0,00	0,00	0,00	0,00	0,00	0,00	

(continua)

(continuação)

TOTAL DE ENTRADAS		0,00	0,00	0,00	0,00	0,00	0,00
	Dinheiro						
	Cheque pré						
	Duplicata a receber						
	Cartão de crédito						
	Outros rendimentos						
TOTAL DE SAÍDAS		0,00	0,00	0,00	0,00	0,00	0,00
	Impostos sobre vendas						
	Fornecedores						
	Retirada dos sócios						
	Compra de equipamentos						
	Combustível						
	Salários/ encargos/ benefícios						
	Água/luz/telefone						
	Propaganda e marketing						
	Despesas bancárias						
	Despesas financeiras						

(continua)

(continuação)

Outras despesas						
RESULTADO OPERACIONAL NO DIA	0,00	0,00	0,00	0,00	0,00	0,00

SALDO FINAL DE CAIXA	0,00	0,00	0,00	0,00	0,00	0,00

Nessa tabela estão só alguns exemplos de entradas e saídas, já que cada startup terá uma relação de despesas diferente e específica para o tipo de negócio.

Para se antecipar aos movimentos dos consumidores, sazonalidades e outras dificuldades financeiras, sugiro que o fluxo seja feito com base no histórico de determinado período ou em projeções realistas, em duas colunas – uma projetando as vendas e despesas futuras e outra anotando o que realmente foi realizado.

É com base nessas projeções que você poderá tomar decisões sobre investimentos, retenções, liquidações, contratações etc.

ÁRDUO APRENDIZADO DOS NÚMEROS

No meu caso, como bom advogado, eu nunca fui muito afeito às contas, então procurei ter a meu lado um consultor financeiro que possuía uma consultoria específica para empreendedores em fase inicial.

Quando comecei o programa *Atitude BR*, que produzi e veiculei em rede nacional, ele me ajudou muito a organizar as finanças da empresa, principalmente o fluxo de caixa, pois nesse ramo paga-se muita coisa adiantado e os clientes só pagam com 30 a 45 dias após a exibição do seu comercial na TV.

Em outras palavras, teríamos um grande rombo no caixa se não fossem as eficientes planilhas e os softwares financeiros do nosso consultor.

Porém, um detalhe em que o consultor financeiro não poderá interferir são suas próprias decisões acerca dos rumos que a empresa tomará e como isso impactará nas finanças futuras do negócio. No meu caso, cometi um dos equívocos mais comuns dos empreendedores: retirar da empresa mais do que ela pode pagar. Não exatamente eu, mas meu sócio.

Quando montei o programa de televisão chamado *Atitude BR* associei-me a uma pessoa que não tinha recursos suficientes para suportar a fase inicial de um empreendimento e que a cada mês demandava mais e mais do negócio, sempre retirando da empresa pró-labore muito superior ao faturamento, a despeito dos conselhos do nosso consultor financeiro. Para tanto, ele se baseava em projeções surrealistas de um fluxo de caixa cheio de esperança e sonhos.

Embora eu não concordasse com a posição do meu ex-sócio, acabava cedendo às suas necessidades após muita discussão, uma vez que é extremamente penoso e dolorido negar o pão quando alguém lhe diz que ele e sua família estão passando fome. Como ser humano, tomei a decisão certa, mas, como homem de negócio, errei e pago as consequências desse erro até hoje.

No caso de uma sociedade, não é facultado aos sócios trazer à mesa seus problemas pessoais e torná-los parte do dia a dia dos negócios. O mais correto seria o sócio se afastar do cotidiano da empresa e procurar alguma outra forma de obter renda, permanecendo, caso ambos concordassem e se o tipo de negócio também assim permitisse, apenas como sócio investidor.

Por isso eu disse, no capítulo sobre sócios, que você precisa avaliar com muito cuidado com quem entrará num negócio. Por conta dessa atitude inconsequente, a empresa quase faliu no seu segundo ano de existência, o que me forçou a comprar a parte do meu sócio antes que o rombo ficasse muito maior.

Olhando para trás e analisando toda a situação, confesso que aprendi muito com essa história, pois não deveria, sob hipótese nenhuma, ter cedido à pressão exercida por ele. Hoje, com o passar do tempo, aprendi a gostar dos números e também a realizar o controle financeiro dos negócios que possuo. Por mais que, em certos momentos, precise do auxílio de um financista para fazer contas mais elaboradas, eu tenho prazer em analisar as planilhas financeiras, os indicadores de desempenho e tomar decisões em cima delas.

Por fim, reitero que, independentemente da startup que você vai abrir, enxergue a contratação de um consultor financeiro como investimento, e não como despesa. E ouça o que o consultor tem a dizer.

> **EM RESUMO**

- Analise se a startup vai gerar mais lucro do que uma aplicação no banco.
- Lucro é o resultado positivo advindo de um investimento.
- O ROI mostrará a você quantos meses serão necessários para recuperar o capital investido.
- O nível de lucratividade é um indicador que mede quanto lucro você está tendo em cada venda.
- O *break-even point* mostra o ponto em que os ganhos igualam as perdas.

- Margem de contribuição é o valor que sobra das vendas para que a empresa possa pagar suas despesas fixas e ainda ter lucro.
- Estabeleça um preço de venda com base em fórmulas reais, e não em palpites.
- O fluxo de caixa é o registro das entradas e saídas de dinheiro da empresa.
- Nunca retire mais do que a empresa pode gerar.

> *Retroceder sim, desistir jamais.*

ÚLTIMO PASSO

NUNCA DESISTA

A história a seguir é verídica e serve para ilustrar o título deste capítulo.

A 1 metro do ouro

No meio do século 19, muitas pessoas foram para o estado da Califórnia, nos Estados Unidos, atrás de ouro.

Uma dessas pessoas foi o sr. Darby. Ele foi para a Califórnia, comprou algumas picaretas, um terreno e começou a cavar. Em pouco tempo, achou um filão de ouro.

Muito empolgado com a descoberta, convenceu seus familiares a lhe emprestar mais dinheiro para comprar brocas e todos os demais equipamentos necessários para o trabalho de perfurar a terra atrás de ouro.

Com o dinheiro em mãos, comprou as ferramentas e voltou a perfurar, mas o filão de ouro havia desaparecido e ele então desistiu.

Desgostoso com o que havia acontecido, vendeu o equipamento como sucata para o primeiro que encontrou e foi embora da Califórnia, tendo muito o que explicar para os familiares que o haviam ajudado.

Quem comprou o equipamento do sr. Darby foi um sucateiro da região que pensou em dar continuidade à perfuração anterior, visto que já estava com o equipamento em mãos.

Tendo em vista sua simplicidade e falta de conhecimento sobre geologia, achou por bem contratar um geólogo para estudar o local. Este, com conhecimentos técnicos e apoiando-se em cálculos matemáticos, apontou em qual direção o sucateiro deveria começar a perfurar, partindo de onde o sr. Darby havia parado.

Para surpresa do sucateiro, e de todos da região, e ainda mais para o sr. Darby – que soube da notícia depois –, descobriu o filão de ouro a apenas um metro de onde o sr. Darby havia parado de cavar. O sucateiro ficou milionário.

Logicamente, a moral dessa história verídica é: nunca desista. Porém, mais importante do que nunca desistir é acreditar na sua startup. Por isso, é tão importante gostar de seu negócio, estar conectado com ele, ter feito um bom planejamento e um excelente plano de ação. Porque, quando a dificuldade surge, você tem em que se apoiar.

Nosso ídolo Ayrton Senna dizia:

> Seja você quem for, seja qual for a posição social em que você esteja na vida, a mais alta ou a mais baixa, tenha sempre como meta muita força, muita determinação e sempre faça tudo com muito amor e com muita fé em Deus, que um dia você chega lá. De alguma maneira você chega lá.

E, para chegar lá, é essencial seguir os passos descritos neste livro. Ayrton, além de muito habilidoso, amava o que fazia, e por isso foi o maior campeão de todos os tempos.

Cada uma das tarefas de *O Aprendiz 4 – O Sócio* foi difícil, mas a penúltima tarefa, que definiu os finalistas, exigiu um nível maior de força de vontade.

A tarefa consistia no seguinte: portando somente a carteira de identidade e mais nada (sem dinheiro, cartão ou cheque), seríamos deixados em uma cidade – no caso Santos, em São Paulo –, com direito a apenas café da manhã e estadia, usando um disfarce para que não fôssemos reconhecidos, e sem qualquer auxílio, deveríamos arrecadar dinheiro da forma que achássemos mais conveniente, sem, contudo, ferir as regras do programa.

Aproveitei o fato de ser Dia dos Namorados para me oferecer como entregador às floriculturas. Fui a várias delas para oferecer serviços de entrega e, em todas elas, percebia a nítida mudança de comportamento do dono quando eu dizia que não era um cliente que estava ali para comprar flores, mas sim para oferecer um serviço de entrega. Quando expunha a razão de estar ali, o tom mudava abruptamente, do cordial e gentil para o extremamente grosseiro.

Após um dia inteiro de procura, consegui fechar um contrato de entrega com uma floricultura, cuja dona estava desesperada a ponto de nem sequer olhar para aquele meu disfarce.

Ao final da prova, depois do trabalho como entregador, tinha arrecadado R$ 90,00 – o que não foi o suficiente para vencer a prova nem para evitar a sala de reunião mais difícil de todo o programa.

Já na sala de reuniões, por duas horas e meia sofri severas críticas. Pela primeira vez, tive muito medo de ser demitido. Tudo o que eu dizia era usado contra mim. Aplicando-se a teoria do copo meio cheio ou meio vazio, qualquer coisa que eu dissesse era revertido contra mim.

Quando a reunião acabou, eu mal consegui levantar, pois tinha câimbras terríveis nas pernas e uma dor de cabeça muito forte. Chorei muito depois. Mas, apesar de todas aquelas horas de batalha, no fundo eu tinha certeza de que sairia dali vencedor. Dentro de mim, nunca desisti!

Não há vitória sem percalços para superar pelo caminho. Sair vencedor de uma batalha dura fortalece o espírito lutador e consolida a força de vontade.

Nos momentos que antecederam a grande final, vi um ciclo chegando ao fim e uma nova etapa começando. Foi inevitável olhar para trás e reconhecer que em cada uma das etapas da minha vida tinha acontecido uma situação que havia me preparado para aquele momento.

Então, quando reconheci meu passado e meu presente conectados, vi meu futuro como parte desse processo, o *gran finale* da etapa de uma história marcada pelo respeito com as pessoas, integridade nas ações e pelo sonho de poder provocar uma mudança.

Reconheci os passos descritos neste livro como essenciais para me tornar vitorioso e conquistar o prêmio de um milhão de reais. Um mundo de novas possibilidades se abriu ao fim desse processo.

Já tive sucesso em alguns negócios e em outros nem tanto, já tentei uma, duas, três, quatro, cinco vezes e continuarei realizando porque sou empreendedor e gosto de andar pelo caminho não percorrido.

Eu vendi minha empresa de lavar carro sem água após alguns anos. O programa *Atitude BR* foi ao ar pela televisão durante três anos com muitos patrocínios e hoje pode ser assistido pela internet.

Atualmente, tenho uma consultoria que auxilia grandes empresas, nacionais ou estrangeiras, a se expandirem no Brasil, e, indiretamente, já fomos responsáveis pela criação de mais de 10 mil empregos.

Também continuo palestrando pelo Brasil e auxiliando, por meio de *mentoring*, muitos empreendedores a iniciar seus primeiros negócios.

Com certeza, outros negócios virão aos quais eu emprestarei meu tempo, desde que todos eles estejam ligados à minha meta pessoal: "causar uma mudança". E, caso eu tenha conseguido fazer em isso em você, já terei atingido meu objetivo.

Assim é a vida de um empreendedor, e assim será com sua startup. Pode ser que sua primeira iniciativa não dê certo ou pode ser que dê muito certo. As chances são 50-50. Independentemente do resultado, nunca desista!

> **EM RESUMO**

- Mais importante do que não desistir é acreditar no que se está fazendo.
- Fazer o que gosta ajuda a superar as dificuldades.
- Cave um metro a mais.
- Se seu sonho está alinhado com o que você está fazendo, não desista nunca.

CONCLUSÃO

O tempo que temos não é curto, mas perdemos grande parte dele fazendo que ele seja. A vida é suficientemente longa para realizarmos grandes coisas se a vivermos bem, mas se alguém passa seu tempo no descanso e nos prazeres e não se dedica a coisas elogiáveis, quando chega seu momento final vê que o tempo se foi sem que tenha compreendido bem sua passagem. O certo é que a vida que nos foi dada não é breve, nós fazemos que ela seja. Não somos pobres de tempo, mas pródigos. Acontece com o tempo da vida a mesma coisa que acontece com as grandes riquezas. Se elas ficam em mãos de pessoas insensatas, se dissipam num instante, ao contrário, as riquezas limitadas estando em poder de administradores eficientes crescem com o uso. Assim nosso tempo de vida é bastante grande para os que fizerem bom uso dele. Eu tenho tempo, meu caro, muito tempo. (Sêneca)

Ao longo deste livro, evidenciei a importância de fazer o que gosta, além de uma série de atitudes fundamentais para que você abra a sua primeira startup.

Fazer o que gostamos é o principal objetivo que devemos cultivar diante dos desafios que a vida nos impõe. Se você não está fazendo o que gosta, pare, pois é isso que sustenta a felicidade permanente dos dias.

Empregue seu tempo fazendo aquilo que gosta, aquilo para o que você tem vocação e que lhe dá prazer. Aproveite o momento único pelo qual nosso país está passando para realizar seu projeto pessoal e profissional. Comece hoje a dar um startup na sua vida!

ANOTAÇÕES

ANOTAÇÕES

ANOTAÇÕES